广 雅

聚焦文化普及，传递人文新知

广　大　而　精　微

趣味法律史

主编
景风华

法史万象

中国传统法律文化撷英

景风华 著

GUANGXI NORMAL UNIVERSITY PRESS

广西师范大学出版社

·桂林·

法史万象：中国传统法律文化撷英

FASHI WANXIANG: ZHONGGUO CHUANTONG FALÜ WENHUA XIEYING

图书在版编目（CIP）数据

法史万象 ：中国传统法律文化撷英 / 景风华著.
桂林 ：广西师范大学出版社，2025. 9. -- （趣味法律史 /
景风华主编）. -- ISBN 978-7-5598-8419-0

Ⅰ. D909.2
中国国家版本馆 CIP 数据核字第 2025YR8586 号

广西师范大学出版社出版发行

（ 广西桂林市五里店路 9 号　邮政编码：541004 ）
　网址：http://www.bbtpress.com

出版人：黄轩庄

全国新华书店经销

广西广大印务有限责任公司印刷

（桂林市临桂区秧塘工业园西城大道北侧广西师范大学出版社
集团有限公司创意产业园内　邮政编码：541199）

开本：880 mm ×1 240 mm　1/32

印张：8.375　　　字数：170 千

2025 年 9 月第 1 版　　2025 年 9 月第 1 次印刷

印数：0 001~5 000 册　定价：79.00 元

如发现印装质量问题，影响阅读，请与出版社发行部门联系调换。

总　序

　　中国法律史，顾名思义，探讨的是中国法律的历史或中国历史中的法律。作为一门法律与历史的交叉学科，它不仅在法学界毫无悬念地处于鄙视链底端，而且在历史学界也不大招人待见。就法学这门实用性极强的学科来说，随着近代大规模的"西法东渐"与法律移植，中国现代法律体系与中国传统法之间已经很难建立起直接联系。一位律师即便完全不知《唐律疏议》为何物，也丝毫不影响他在法庭上纵横捭阖。这样看来，那些"已为陈迹"的知识似乎归档历史学院方才合理。然而历史学界表示，我们要从人类过往的灿烂与荒凉中烛照出权力运作的根本逻辑、经济运行的基本规律、社会结构的组织形态和众多人物的身世浮沉，在很难算得上"法治社会"的古代中国，法律在国家建制中所起的作用大吗？有关法律史的叙事能够丰富人们对历史逻辑的理解吗？能够帮助人们认识自身吗？如果它不具有根本性意义，被边缘化似乎就是无可逃避的宿命。

但是，纵然承受着来自各界的诸多冷眼，我们依然认为，让中国法律史这一冷门领域走进大众视野是有意义的。我们是否可以对法律做一个稍微扩大化的理解，即将之视为一种规则之治？写在纸面上的法条、停留在过去的制度，仅仅是规则之治的外部表现形式；而真正撑起规则之治的，是人们对何为"应当"的最低限度的共识、实现"应当"的基本方式，以及规则同社会结构、社会观念的相互塑造作用。那么，在这样一个围绕规则所形成的系统当中，我们可以透过任何一条历史的缝隙看见法律的存在，并借由这一路径，进一步思索何为中国、何为法律。

编写出版这套"趣味法律史"丛书，便是希望能将中国法律史的深刻内涵以一种生动活泼且易于理解的方式呈现给广大读者。丛书作者皆为在高校任教的专业法律史学者，大家不满足于在书斋中一味创作那些艰深晦涩、阅读量难超两位数的学术论文，本着"不想当作家的法律史研究者不是合格的文艺青年"的共同目标聚集在一起，根据各自的研究领域和兴趣，从不同层面切入对中国法律史的探索。有的著作侧重于借助文学作品或影视剧作品建立起法律史与文化的连接，有的著作则对某一法律主题或文化现象进行深度剖析，我们还计划在未来加入古代案例分析的内容，让更多人能够了解并体会中国法律史的独特魅力。

在这套丛书的写作过程中，我们的语言文字是轻松随性的，但态度是严谨认真的。面对很多人对中国古代法律抱有的猎奇心态和网络上真假参半的各类传言，我们也希望通过"趣味法律史"丛书，澄清部分对中国传统法的误解，让读者看到法律史的真实面貌。

衷心期待这次全新的尝试能够打破学术与大众之间的壁垒，让法律史不再是大众眼中奇怪的陌生学问，而是与人们对规则的认知血脉相连的文化基因。我们诚挚地邀请您与我们一道，共同踏上这段奇特的法律史之旅。

景风华

2024 年暮秋

前　言

　　如果说历史是一具包罗万象的万花筒，其魅力不在于停留在过去的静止画面，而在于观察者每一次旋转圆筒时，各不相同的文明碎片在时光棱镜的折射下所呈现出的变幻莫测的多样性，那么中国法律史尤其如此。早在19世纪末，中国近代著名启蒙思想家严复在翻译孟德斯鸠的《法意》（即《论法的精神》）时，就一针见血地指出："盖在中文，物有是非谓之理，国有禁令谓之法，而西人则通谓之法"；"西文法字，于中文有理、礼、法、制四者之异译，学者审之。"因此，当我们拿着中国历史的万花筒去观察西学体系中law的对应物时，就不能只追踪刑制典章这浮出水面的冰山一角，而要将对正义的理解、对恰当举止的评判、创建合作纽带的方式、定分止争的办法等隐藏得更深的文化碎片尽收于眼底。

　　这些恰恰是进入中国法律史情境的真正难点。当我们成为手持万花筒的观察者时，作为观察对象的历史镜像实际上就会成为"他者"——这本是人类学上的术语，用以指代同"我"存在文化异质性的原住民群体，因此人类学的主要任务之一就是"理解他者"。然而，文化异质性并不仅仅因为地域阻隔而产生，所谓"过往即异域"，纵然是在一个宣称文明从未断绝的国度中，过往时空中的价值体系、认知模式与生存经验同样构成了与当下存在本质差异的"他者世界"。当我们在一个"祛魅"的环境中将现代国家治理之下的权利义务分配模式视作理所当然时，传统时代的不少法律制度与司法实践也许只能落得"奇葩"二字的评价。但是，如果我们承认法律是嵌在文化当中的，甚至法律在某种程度上只是文化的表现形式之一，那么，对传统法律的文化解释就能够成为跨越时空异域的桥梁，使我们进入自成体系的文化操作系统内部，观察古人如何在他们编织的意义之网上安放自身孜孜以求的秩序感。

这本小书是以文化解释的视角写就的简明中国法律史读本。在尽可能多地捕捉浮动在不同文化面相上的法律史碎片，用通俗的语言串联起中国法律史的主要知识点之外，本书还试图理解古人的理解，对特定制度赖以存续的社会和文化语境进行深度诠释，并用诸多文物照片及古籍插图为读者提供生动直观的认知，致力于使本书不仅可以成为对中国法律史怀抱兴趣者的入门读物，还可以为修习中国法律史的本科同学提供理解上的助益。

全书共分为三编。上编"传说与天理"在辽阔的宇宙图景中探讨古人对法律之终极意义的关切。正所谓"四方上下曰宇，古往今来曰宙"，中华民族的神圣历史描摹了治世的愿景，古来圣贤的所言所行树立了良法的标杆，王朝的命运和人世的秩序都被无垠的自然之道包容。

中编为"礼制与经典"。经典即神圣文本，是人类世界最早的理性化成果，它通过对"应当"的诠释，在丛林世界中率先打开了规则的大门，并持续对后世的任意性权力产生制约作用，是位阶最高的法律渊源。礼则通过将内心确信与行为守则合二为一的方式来塑造人际关系和社会结构，从而缔造了独具特色的礼法中国。

下编"世情与王法"最终进入实体法的制定与实施环节。律典内部的逻辑结构、统治者的意志、政治需求、社会文化氛围、风俗民情……法律在各种因素的推动下，在各种力量的角逐、各种思想的碰撞中进行平衡调适并试图在当时的情境下做出最佳选择，体现了一种现实的智慧。

当然，以上内容远不足以涵盖中国法律史的丰富性。本书与其说想要展示中国法律史这具万花筒内的图像本身，毋宁说更想提供一些观察万花筒的方法和视角。这样终有一日，读者们也能通过转动自己手中的万花筒，看到更加异彩纷呈的传统法的世界。

目　录

前　言　*1*

上　编　**传说与天理**　*1*

　　法律之祖：皋陶造狱与神兽决疑　*3*

　　大禹泣囚：传统司法的仁政基因　*23*

　　天命玄鸟：图腾崇拜与刑名从商　*33*

　　秦人尚六：数字中的天命密码　*45*

　　秋后问斩：天人之道与司法时令　*63*

　　人鬼秩序：传统法的幽冥镜像　*76*

中　编　**礼制与经典**　*87*

　　公主与帝姬：称谓背后的礼法规则　*89*

继承顺位：宗法制下的嫡庶难题　96

三年之丧：五服与法律的不解之缘　107

屈原之妻：文艺作品中的婚姻误区　123

《春秋》决狱：儒家经义的司法实践　133

《麟趾格》：法典命名中的政教之学　151

下　编　世情与王法　165

烈女赵娥：中国式经典复仇　167

"新律"出世：魏明帝曹叡的法律人生　181

族诛的缝隙：缘坐制度中的出嫁女　191

"恶毒"的继母：孝子故事背后的家庭法　205

明代契约：世情小说中的法律万象　221

清代儿童杀人案：年龄与刑罚的平衡之道　236

后　记　252

上　编

传说与天理

法律之祖：皋陶造狱与神兽决疑

　　每一个古老民族在追溯自己祖先和文明起源的时候，都会形成夹杂着神话与传说的神圣历史。得益于源远流长的经史传统，中国在战国时期就已经形成了相当丰富的古史资料，后经太史公司马迁对古史传说进行系统化梳理并完成《五帝本纪》，开启了中华以黄帝为第一位君主的五千年历史叙事。虽然经过古史辨学派的洗礼，现当代史家多认为，在有充分的考古发现或可作佐证的文献证据证明其为信史之前，中国的古史体系只能被定位为传说，但是传说并非毫无历史价值，按照徐旭生先生的说法，传说中有历史的残影，我们依然可以从这些古史传说中，瞥见中华法律文明在起始阶段的模糊身影。

　　根据中国古老的帝王之书——《尚书》，蚩尤及其所统率的三苗部落率先"作五虐之刑曰法"，用割鼻（劓）、截耳（刵）、去势（椓）、刺面（黥）等刑罚威慑民众。其法不辨罪行之轻重，其刑不设上下之等差，只以峻法酷刑作威作福、杀

皋陶明刑图

（清）孙家鼐等编：《钦定书经图说》卷二，清光绪三十一年内府刊本

戮无辜。浓烈的血腥之气惊动了上天，上天以雷霆万钧之势遏绝了三苗部落的传承。从此，蚩尤与三苗部落便成了中国法制文明史上的第一个反面典型。

接着便有圣人出世拯救百姓，稷教民播种，禹治理山川，契施行教化，伯夷制定礼仪。法律人的祖师爷也在此时闪亮登场，其名曰皋陶，有时又写作咎陶或咎繇。按照《春秋元命苞》的说法，皋陶在尧帝时期担任大理，舜帝时担任士师。士师乃狱官之长，主察狱讼之事。《大戴礼记》云："皋陶作士，忠信疏通，知民之情。"《论语》和《淮南子》也说皋陶为士之后，"不仁者远矣"，"天下无虐刑"。自此以后，中国有了良法善治的模板，这便是"皋陶造狱法律存"的意义。

那么，这位法律人的祖师爷具体做了哪些事呢？

第一步当然是立法。《竹书纪年》说："帝舜三年，命咎陶作刑。"《尚书·舜典》则记述了舜命皋陶作刑的背景——"蛮夷猾夏，寇贼奸宄"。也就是说，此时存在少数民族部落与中原部落的冲突，在对异民族的暴力镇压乃至征伐战争中，刑诞生了，这便是"刑起于兵"的道理。不过，考虑到皋陶来自山东一带，后世有学者推断皋陶本为东夷族首领，那我们不妨认为，在部落的分裂、联盟与对抗之间，形成了酋邦这一早期国家的雏形，刑的适用对象也由异民族逐步扩展到本民族的破坏分子。

皋陶所作之刑与蚩尤及三苗部落所作之刑的最大差异，是其充分贯彻舜所提出的"五刑有服，五服三就；五流有宅，五宅三居"的刑罚原则。所谓"五刑"，是指墨、劓、剕、宫、大辟，分别为刺面、割鼻、刖足、去势和死刑。虽然刑种并没有太大变更，但此时的刑制更强调五刑之间的阶梯性，在司法官通过特定程序审慎确定合适的刑罚后，再根据犯罪人的罪行或身份，分别于原野（大罪）、市朝（次罪）和甸师氏（处决王之同族与有爵者的隐蔽之处）执行刑罚，此所谓"五服三就"。同时，对于情有可原、不宜执行五刑的犯罪人，则以流放远方替代之。流罪亦有五等之差，并分三等之居，即"大罪投四裔，次九州之外，次中国之外"。这种更加细致的刑等设置，为罚当其罪打下了制度基础。

但仅有立法是远远不够的，皋陶真正伟大的功绩，在于其树立了一系列即使用今人的眼光来看也依然不完全过时的司法原则。根据《尚书·大禹谟》的记载，当舜称赞皋陶任士师期间，以五刑弼五教，最终达到了"无刑"的最高境界时，皋陶推功于舜，讲述了他所秉持的司法原则：

> 罚弗及嗣，赏延于世。宥过无大，刑故无小。罪疑惟轻，功疑惟重。与其杀不辜，宁失不经。

首先，皋陶反对族诛连坐，主张罪人不孥。每个人只为自己的罪行承担责任，这是为了避免刑罚伤及无辜；赏赐与家人后代同享，则可以亲睦宗族、敦厚风俗。《尚书·康诰》所阐释的"父子兄弟，罪不相及"之意与此相同，《春秋》之义亦认为："恶恶止其身，善善及子孙。"在秦制将大规模的连坐与缘坐带入法律当中之后，汉代及后世的众多儒者以上述经典为凭，进行了不屈不挠的抗争，最终使得中国帝制时期的大部分时段，对犯罪人亲属的株连被限定在谋反、谋叛、谋大逆等特定罪名之内。

其次，皋陶对犯罪人的主观意图予以相当程度的重视。凡过误所犯之罪，即使造成了较大的损害结果，仍可予以一定程度的宽宥；而故意犯罪，即便危害不大也必须予以惩戒。《尚书·康诰》将这一原则表述为："人有小罪，非眚，乃惟终，自作不典。式尔，有厥罪小，乃不可不杀。乃有大罪，非终，乃惟眚灾，适尔，既道极厥辜，时乃不可杀。"所谓"非眚""惟终"，是指故意、惯犯，此种小罪亦须严惩；与此相对的状况是"眚灾""非终"，即过失或意外、偶犯，对此则不能处以极刑。中国法律在起源阶段即将主观恶性纳入定罪量刑的考量范围，建立起主客观相统一的刑事责任标准，这在整个世界法制文明史上都是独树一帜的。

最后是对疑罪的处理原则。所谓疑罪，是指证据没有达到确实充分的标准，既不能确证嫌疑人身犯此罪，又无法完全洗刷其嫌疑的情况。皋陶对此的态度是，做出有利于嫌疑人的推理，如果对其罪行的轻重存有疑虑，那么便向轻罪的方向推理。因为同不放过一个坏人相比，不冤枉一个无辜之人才是更重要的价值观。反过来，如果是在颁发赏赐的场合对某人功劳的轻重存有疑虑，那么便向重功的方向推理。该原则被后世反复申发。西汉学者贾谊在其著作《新书》中写道："诛赏之慎焉，故与其杀不辜也，宁失于有罪也。故夫罪也者，疑则附之去已；夫功也者，疑则附之与已。则此毋有无罪而见诛，毋有有功而无赏者矣……疑罪从去，仁也；疑功从予，信也。"汉文帝时期的名臣张释之在任廷尉时，"罪疑者予民"，即疑点利益归被告，是以刑罚大省，有刑措之风。而苏轼在参加礼部考试时亦以此句作为《刑赏忠厚之至论》一文的立论依据，并引用《尚书》传文曰："赏疑从与，所以广恩也；罚疑从去，所以慎刑也。"令主考官欧阳修大为叹服。

既然这位法律人的祖师爷如此厉害，那么他生得何等模样？

《荀子·非相》篇云"皋陶之状，色如削瓜"，大概是说他的脸是青绿色的。《淮南子·主术训》篇说"皋陶瘖而为大理"，《修务训》篇又说"皋陶马喙"，是否可以理解为皋陶口不能言、声若马嘶？《白虎通义·圣人》篇则说皋陶其实是"鸟喙"……

这位祖师爷怎么看着不像正常人呢？

不像就对了。人家可是圣人，能跟我等凡人长一个样子吗？这便是"圣人异相"说。考察以上三部作品，《荀子》其实是在反驳以貌取人的观点，认为相貌丑陋但德行美好，并不妨碍他是君子；相貌俊美但德行丑恶，也不妨碍他是小人。故而观察一个人的相貌不如探究他的思想，探究他的思想不如考察他的行为。但到了两汉时期，受今文经学和谶纬思想的影响，神异学说大量掺杂进经典解释当中，圣人被认为感天而生，因此天赋异貌以彰显其异德异能。《淮南子·修务训》共列举了九位圣人，分别是：

> 尧眉八彩，九窍通洞，而公正无私，一言而万民齐；舜二瞳子，是谓重明，作事成法，出言成章；禹耳参漏，是谓大通，兴利除害，疏河决江；文王四乳，是谓大仁，天下所归，百姓所亲；皋陶马喙，是谓至信，决狱明白，察于人情；禹（或曰启）生于石；契生于卵；史皇产而能书；羿左臂修而善射。

《白虎通义》就更全面了：

> 《传》曰：伏羲禄衡连珠，唯大目鼻龙伏，作易八卦以应枢；黄帝颜得天匡阳，上法中宿，取象文昌；颛顼戴午，是谓清明，发节移度，盖象招摇；帝喾骈齿，上法月参，康度成纪，取理阴阳；尧眉八彩，是谓通明，历象日月，璇玑玉衡；舜重瞳子，是谓玄景，上应摄提，以象

三光。

《礼》曰：禹耳三漏，是谓大通，兴利除害，决河疏江；皋陶鸟喙，是谓至诚，决狱明白，察于人情；汤臂三肘，是谓柳翼，攘去不义，万民蕃息；文王四乳，是谓至仁，天下所归，百姓所亲；武王望羊，是谓摄扬，盱目陈兵，天下富昌；周公背偻，是谓强俊，成就周道，辅于幼主；孔子反宇，是谓尼甫，立德泽所与，藏元通流。

至于为什么马喙就是至信，鸟喙就是至诚，只有《淮南子集解》说："喙若马口，出言皆不虚，故曰'至信'。"但为什么"喙若马口"就"出言皆不虚"呢？那就实在是不得而

皋陶像
（明）王圻、王思义撰辑：《三才图会·人物》，明万历三十七年原刊本

知了。

不过，魏晋之后，谶纬的迷雾逐渐消散，故而在明人所绘的《三才图会》中，皋陶的模样看起来还是挺正常的。

但故事并没有到此结束。这位法律人的祖师爷不但本人神奇，他养的宠物更是神奇。根据汉代诸多典籍的记载，这只名为獬豸的独角兽，身怀"知有罪""别曲直"的特异功能。皋陶在断狱的过程中遇到疑罪案件，就会恭恭敬敬请出这只神奇动物。如果嫌疑人确实有罪，獬豸就会用它的独角去触碰此人，如果獬豸无动于衷，则证明嫌疑人实属无辜。

上文我们讲到中华先哲在理性状态下对于疑罪的处理方式。时至今日，法律依然运用举证责任的分配规则和疑罪的推定原则来应对人类对于真相的有限性认知。但是，人类从来没有放弃过对全知全能的幻想和追求，古代先民在遇到凭人类智识无法解决的疑罪案件时，有时会倾向于邀请在他们看来无所不知的神秘力量介入裁决，这种方式被称为"神判"，即神明裁判。例如美索不达米亚文明和古印度文明皆认为水是神圣的，因此都会采用将嫌疑人投入水中的方式来进行疑罪裁判。不过在古巴比伦，嫌疑人沉入水底说明其有罪，浮出水面证明其无罪；在古印度则恰好相反，嫌疑人沉下去为无罪，浮上来为有罪。所以诸位如果有穿越到异国上古时期的打算，一定别把口诀记乱了。

而在中国，獬豸一开始可能确实为用于神判的某种动物，但由于世俗理性主义自西周以来在法律领域的支配性影响，神判等巫术性操作的用武之地越来越小，于是獬豸便演化成了明辨是非、惩奸除恶的法律意象。法律人都知道，"法"的古体字为"灋"，东汉著名文字学家许慎在《说文解字》中对其做出的解释为："灋，刑也。平之如水，从水。廌，所以触不直者去之，从去。"所以，至少在汉代人看来，"灋"字的三个部件分别代表了法律最重要的三种职能和价值：公平公正、裁断曲直、惩治犯罪。虽然"廌"和"去"的内涵可在一定程度上吸收合并，为了便捷起见最后只保留了"去"这个部件，但我们仍不可忘记，盘踞在"法"字之上的那只神兽。

同时，这只神兽还依托中华衣冠之治的传统，与古代司法官员们同在。依照《异物志》和《风俗通义》的说法，楚王曾经捕获一只能辨曲直的獬豸，于是便仿其形象制作衣冠。秦灭楚之后，将獬豸冠赐给御史。据说獬豸冠高五寸便是秦制。汉代以后，獬豸冠正式成为执法官和御史的服饰标志。《隋书·礼仪志》对其形制的描述是："法冠，一名獬豸冠，铁为柱，其上施珠两枚，为獬豸角形。法官服之。"

到了明代，文武官员的常服在胸前织缀有一块被称为"补子"的方形织物，补子的纹样则可作为区分其身份的依据。根据《明史·舆服志》，公、侯、驸马、伯，补服绣麒麟、白泽。文官绣禽，以示文明，具体为：一品仙鹤，二品锦鸡，三品孔雀，四品云雁，五品白鹇，六品鹭鸶，七品鸂鶒，八品黄鹂，

（明）石青绸地獬豸织金补服（局部）
江西省上饶市白岭村明墓出土，江西省上饶市博物馆藏，万文杰摄

九品鹌鹑，杂职练鹊。武官绣兽，以示威猛，具体是：一品、二品狮子，三品、四品虎豹，五品熊罴，六品、七品彪，八品犀牛，九品海马。而执掌法度、监察百官的风宪官则独树一帜，其补服绣獬豸，以示其公正无私、明察秋毫。

时至清末，具有维新思想的状元公孙家鼐在主持编纂《书经图说》时，对长期以来关于獬豸的传说进行了重新审视，指出：

此说虽近疑似，然足见古人慎重疑狱之意。后世帝王于凡职司纠劾之官，或以獬豸为冠，或以为服章，亦谓人心枉直，兽且能辨之，所以示警之意，微矣。

经过千年的光阴流转，獬豸及其身上所凝聚的神异、理念、理想和期许，最终都随着中华法系的解体，慢慢地步入了沉寂。

不过，对神奇动物感兴趣的我们还是要问，它究竟长什么样儿？

那说法可就多了。

有说像羊的。比如《论衡·是应》云："觟𫚖者，一角之羊也。"再结合《风俗通义》"獬豸食棟"的说法，可知獬豸的食谱与凤凰相同。鉴于它是草食动物，所以性情大概比较温和？孙家鼐在绘制《书经图说》时便采纳了《论衡》的观点，于是我们可以在该书中看到与山羊颇为相似的獬豸形象。

有说像牛的。《说文解字·廌部》云："廌，解廌，兽也，似山牛，一角。"《神异经》的描述更详细："东北荒中有兽，如牛，一角，毛青，四足，似熊。见人斗则触不直，闻人论则咋不正。名曰獬豸，一名任法兽。"

原来这头神牛是要吃人的！

宋朝"顶流"苏东坡在他所编写的笑话集《艾子杂说》里也采纳了獬豸食人的说法。当艾子向齐宣王介绍完獬豸"辨群

皋陶图

（清）孙家鼐等编：《钦定书经图说》卷四，清光绪三十一年内府刊本

（北朝）独角兽　陕西历史博物馆藏，张田田摄

臣之邪僻者，触而食之"的属性后，又揶揄道："如果今天朝廷里还有这种神兽的话，它就不必再去他处寻找食物了！"

也有说像鹿的。汉末魏初的文字学家张揖说："解廌，似鹿而一角。人君刑罚得中则生于朝廷，主触不直者。"甘肃省博物馆内的青铜独角兽，其样貌似乎有些接近鹿，不过那长戟般的尖利独角一看就不好惹。

当张揖说獬豸会因君主政治清明、刑罚得中而降生于朝堂之上时，实则是将獬豸作为瑞应来看待。事实上，獬豸被视作祥瑞和守护神的观念由来已久。在大量墓葬中，作为镇墓兽的

（汉）铜獬豸　甘肃省博物馆藏，作者摄

　　獬豸被赋予了保卫墓主人不受恶灵侵扰的神圣使命。甘肃省磨嘴子汉墓群出土的一系列随葬品中，就有为数不少的木雕独角兽，它们是中国最早的獬豸形象，简洁明快的身体线条生动地勾勒出獬豸的肌肉感和力量感，夸张的长角分外引人注目。

　　还有说像麟的。《隋书·礼仪志》引东汉学者蔡邕的观点："獬豸，如麟，一角。"大抵是獬豸在向祥瑞发展的道路上，其形象亦与最典型的瑞兽——麒麟发生了混同。到了明代，獬豸的官方形象已被锁定为"如麟"，正如我们在上面的补服中所看到的模样。从而造成明人在其所绘的《三才图会》中，一边说着獬豸"神羊也""状如羊，一角、四足"，一边把獬豸和麒麟画得让人傻傻分不清楚。

（汉）彩绘木独角兽
甘肃省武威市磨嘴子汉墓出土，甘肃省博物馆藏，王有粮摄

　　当我们外出旅游时，还能在屋顶上找到獬豸的身影。中国古代宫殿建筑的殿顶垂脊上安放着一排兼具固定作用和装饰作用的脊兽，脊兽的数量多少与建筑物的等级高低成正比。太和殿作为清代等级最高的建筑，在飞檐上的骑凤仙人身后依次排列着10只寄托着人们"护脊消灾"愿望的神兽：龙、凤、狮、海马、天马、押鱼、狻猊、獬豸、斗牛、行什。其他建筑上的脊兽数量则从队尾按顺序递减，均取奇数。鉴于獬豸排行第八，因此，除"十全十美"的太和殿外，我们只能在有9只脊兽的保和殿、乾清宫、午门等少数高等级宫殿之上一睹它的尊容。

獬豸与麒麟

（明）王圻、王思义撰辑：《三才图会·鸟兽》，明万历三十七年原刊本
（其实，辨析獬豸和麒麟有一个小妙招，即观察它们的足部：獬豸是爪，
麒麟是蹄。）

最后，我们还有机会看到今人创造的獬豸形象吗？

当然有啦！随着中国传统文化的复兴，獬豸作为中华传统
法制文明的重要象征，以各种各样的姿态出现在了诸多法律院
校当中。

这大概是法律史在法学院最有存在感的场合了。

故宫太和殿脊兽　辛格非摄

故宫保和殿脊兽　尹子玉摄

（清）康熙年间太和殿獬豸琉璃
脊兽
故宫博物院藏，辛格非摄

中南财经政法大学雕塑　罗鑫摄　西北政法大学长安校区雕塑　王斌
通摄

上海交通大学凯原法学院院徽　白阳摄

北京大学法学院雕塑　作者摄

大禹泣囚：传统司法的仁政基因

很久很久之前的一天，中国上古圣王大禹，乘坐着华丽的马车、在侍从的前呼后拥中外出巡游，一路遍览壮美河山，视察风土人情，心情颇为畅快。在马车行驶到苍梧地界时，大禹迎面碰上一群囚犯，他们披枷戴锁，被负责押送的官吏用棍棒驱使着，个个痛苦不堪。大禹脸色突变，连忙走下马车，详细询问他们身犯何罪，以致受此刑罚。在听完囚犯的回答之后，大禹抚摩着他们的背，忍不住痛哭失声。大禹的随从们大为不解，问道："他们违理悖道，受今日之苦完全是罪有应得，大王您为何感伤至此呢？"大禹擦着眼泪，讲出一番道理来："昔日在尧舜作天下共主的时候，百姓皆以尧舜之心为心，故而安居乐业，刑措而不用；如今寡人做了一国之君，百姓却只知道按照自己内心的想法行事，于是祸乱并起，陷刑者众。这岂不令我痛心疾首？"

该故事目前可见的最早出处为西汉末期大学问家刘向所著

下车泣罪图 《彩绘帝鉴图说》，约绘于清早期，法国国家图书馆藏本

的《说苑》一书，其人其事的真实性皆不可尽信，与其将它当作历史，不如说它是典故——为了说理的有效性，有时典故无须明确出处，"想当然"便可，正如东坡先生在其应试名篇《刑赏忠厚之至论》中自创"皋陶曰'杀之'三，尧曰'宥之'三"的典故那样。因此，我们不妨将大禹泣罪的故事当作刘向的托古言志之作，既然它位于《说苑》首卷《君道》篇中，所以毫无疑问，它寄托的是作者对理想君主形态的期许。

那么，为大儒所称道的贤明君主或优秀官员在理讼断狱时应当秉持什么态度？

首先，他应当具备对百姓的同理心。纵然面对罪无可逭的犯罪人，也应怀有悲悯之情。古人对司法官员的这种情怀要求可一直追溯到《尚书》当中。在《尚书·吕刑》篇，周穆王谆谆劝告吕侯吸取蚩尤因滥施虐刑而被上天灭族的教训，务必践行敬天保民之道，变虐刑为祥刑。而祥刑的具体实施方案，除了制定阶梯性的刑罚制度、贯彻"轻重诸罚有权，刑罚世轻世重"的量刑原则外，还要谨慎选择正直、良善之人担任司法长官，在断狱之时秉持"哀敬"或"哀矜"的原则。

敬畏、慎重，此之为"敬"。断狱者应当意识到当时以肉刑为主体的刑罚会给犯罪人带来终身无法复原的损害，面对"死者不可复生、断者不可复续"的结果，裁判者须"战战兢兢，如临深渊，如履薄冰"，谨防断狱之害人，杜绝轻率专断。

矜悯、悲怜，此之为"矜"。断狱者应当知晓百姓疾苦、生民艰难，对于鳏寡孤独、老幼病残等特殊群体及情有可原的犯罪人，须体恤他们的困窘处境及无可奈何，对其罪过予以一定程度的宽宥。

"敬"和"矜"皆以一种共同的情绪为前提——"哀"。对此，《论语》有与《尚书》高度契合的表述："如得其情，则哀矜而勿喜。"当司法官员探明犯罪人的真实罪状后，他不应志得意满、沾沾自喜："看！我又揪出来一个坏蛋！"相反，他应当哀矜愍念、恻然兴悲："唉，他为何要犯罪呢？他就要遭到刑罚的严酷惩罚了啊。"憎恨罪恶却怜悯罪人，这是中西方在文明发展历程中共有的高远情怀。

司法官唯有胸怀"哀""敬""矜"的态度，在进行案件裁决时方能小心谨慎，详查法律之意，比较以往成例，考量情节之轻重，探究动机之善恶，在充分斟酌多方面因素之后，最终确定一个同罪行相适应的裁判结果，使刑罚合于中正之道，真正做到以德服人。《说苑》和《孔子家语》都记载了这样一个事例：孔子的高足季羔在卫国担任士师时，曾判处一名犯罪人刖刑。后来，卫国发生蒯聩之乱，季羔匆匆逃离。然而，当他来到外城大门口时，郭门已经关闭，再看看那守门之人，季羔顿觉眼前一黑。原来，负责看守郭门的不是别人，正是那名被季羔判处了刖刑的人。

卫国为何会让一名被砍掉脚的犯罪人担当看守城郭大门的重大责任呢？这得从中国上古时期的刑罚体制谈起。对法制史

有所了解的读者应该都会背诵早期中国以肉刑为主体的旧五刑
体系：墨、劓、刖、宫、大辟。除最后一种是死刑外，前四种
分别对应着在犯罪人脸上刺字、割掉犯罪人的鼻子、砍掉犯罪
人的脚、破坏犯罪人的生殖器的肉刑。此外，还有一种较轻的
刑罚叫作髡，意为剪掉犯罪人的头发。可是，在实施完破坏犯
罪人身体的肉刑后，并不意味着惩罚就此终结。这些肢体残缺
的犯罪人因为再也无法融入正常的社会生活而沦为贱民，于是
便由相关国家机构出面对其加以管理，分配给他们一定的劳役
和相应的口粮。关于劳役的类别，按照《周礼·秋官司寇》的
记载："墨者使守门，劓者使守关，宫者使守内，刖者使守囿，
髡者使守积。"但很多时候，肉刑与劳役并不像文献所述的那
样一一严格对应，比如在这个故事里，刖者就被安排了守门的
劳役，并恰好与季羔在此狭路相逢。

　　正当季羔六神无主、一筹莫展之际，守门人主动对季羔
说，"城墙那边有个缺口"，暗示季羔逾墙而过。然而季羔牢记
夫子教诲，答曰："君子不逾。"守门人又说，"城墙那边有个
破洞"，示意季羔钻洞而出。但季羔又拒绝道："君子不隧。"
最后，守门人说，"这里还有个暗室"。于是季羔入室躲避，成
功摆脱了后面的追兵。季羔在离别之际，终于问出了那个疑惑
多时的问题："当初，我不能违背君主的法令，亲自判处了您
刖足之刑。今日我遭遇劫难，正是您报仇雪恨之时，您却几次
三番助我逃脱，这是为什么呢？"

守门人答道："我受断足之刑，是因为我犯罪在先，您也无可奈何。但是当时您处理我的案子时，反反复复地翻检法律，认真听取我的辩解之言，拖到最后才做出裁决，就是希望能找到令我脱罪的一丝可能性，我岂能不知？后来狱决罪定，临当论刑时，您愀然不乐，见于颜色，对此我心知肚明。您这么做，难道是对我有偏私之心吗？是因为您是仁人君子，天性流露啊。因此，我心甘情愿助您逃脱。"

孔子听说了这件事，感慨道："同样是执行法律，思仁恕则树德，加严暴则树怨。执法以公，居心以仁，说的就是季羔吧！"孟子所谓"以生道杀民，虽死不怨杀者"，亦是与此一脉相承。

不过，大禹下车泣囚这一故事的意义远不止于劝导断狱者要有矜恤之心，它更强调统治者反躬自省的精神。刘向认为这同《尚书》所阐释的"百姓有罪，在予一人"的道理完全相合。

为什么百姓犯罪，需要长官甚至君主自我反省？首先，古人相信，上位者的德行操守会对世道人心起到关键的示范效应和决定性影响。民众奉公守法是以君主以身作则为前提条件的，唯有君主自身德行兼备，方能起到"君子之德风，小人之德草，草上之风必偃"的效果，这是儒家所主张的贤人政治的起点。正所谓"其身正，不令而行；其身不正，虽令不从"，"行有不得，反求诸己"，当"上梁"想要指责"下梁"歪斜的时候，须得先行审视自己是否偏离了正轨。

其次，孔子认为，"不教而杀谓之虐"。在儒家的德刑关系理论中，刑乃不得已而用之的最后手段，在此之前，统治者有义务对民众"道之以德，齐之以礼"，用良好的教化使其成为明辨是非之人，那么他们会自然而然迁善远罪、有耻且格。如果统治者尚未施行教化就对蒙昧无知的民众处以刑罚，无异于挖了陷阱等人掉进去，是极大的暴政和恶政。故而，当君主与官员发现陷刑者众的时候，必须反省自己是否有失教民之道，以致民无理义之心。

最后落到现实层面，儒家认为百姓贫困交加是其作奸犯科的重要原因，而在政自上出的权力运行模式下，使百姓安居乐业、免于饥寒不正是统治者最重要的责任吗？当统治者发现百姓因生活所迫而走上犯罪道路时，不反省自己的为政之失，难道还能将责任推卸给所谓的"刁民"？

大禹泣罪的故事稍晚一些的版本则更清晰地呈现了上述反躬自省的内涵。在东汉时人赵晔所著的杂史书籍《吴越春秋》中，大禹对自己哭泣原因的解释是："天下有道，民不罹辜；天下无道，罪及善人。吾闻一男不耕，有受其饥，一女不桑，有受其寒。吾为帝，统治水土，调民安居，使得其所，今乃罹法如斯，此吾德薄不能化民证也，故哭之悲耳。"所以大禹不仅是为囚犯哭泣，还是为自己哭泣。

当"上失其道，民散久矣"这一对上位者责任的叩问与

"如得其情，则哀矜而勿喜"这一对下位者罹罪的矜恤联系起来之后，我们便可以看到"躬自厚而薄责于人"的完整政治逻辑。

这种政治逻辑曾深刻影响过中国法制史的发展进程。众所周知，中国古代以肉刑为主体的旧五刑体系向以劳役刑为主体的新五刑体系转化的关键历史事件为汉文帝刑制改革。这次改革以缇萦上书为契机，文帝因怜悲其意，遂下诏给丞相、御史大夫，感慨道："舜帝统治时期，仅采用'画衣冠、异章服'的象刑，百姓就深以为耻而不敢违法犯罪，这才是真正的治世啊。"接着，文帝便开启了自省模式："当今法律设有三种残酷的肉刑，却未能阻止百姓犯罪，问题出在哪里呢？难道不是因为我'德之薄'且'教不明'吗？我深感惭愧。教育引导出现问题，无知的百姓就会陷入刑网。如今的刑制使他们在接受教育之前就遭到'断支体，刻肌肤，终身不息'的肉刑，纵使有人想改过从善，却再也没有机会了。我对他们甚为怜悯。"文帝引用《诗经》"恺弟（悌）君子，民之父母"之说，矛头直指惨痛而不道德的肉刑有违为民父母之本意，从而为"其除肉刑，有以易之"的改革举措奠定了充分的理论基础。由此可以看到，彼时儒学虽然尚未树立起"独尊"的地位，但它对汉代的政治文化已经产生了莫大的影响。

当然，汉文帝刑制改革背后有"肉刑＋犯罪奴隶"的刑罚体系发展到此时已遭遇瓶颈的内在动因，绝非仅凭统治者的一时怜悯就能轻易推动的。但这一串长长的理论铺垫的重要性同样不可小视。它与大禹泣罪故事的书写很可能存在借鉴关系，并一道为古代帝王树立了"仁君"思维模式的标杆。

这种思维模式还深刻影响了古代中国的循吏传统。"循吏"即奉职循理之吏，代表的是推崇仁爱宽厚之政，主张用礼义教化的手段实现定分止争目的的官员群体，他们与严守法令、推崇以刑杀立威的酷吏构成了汉代两种不同的治理风格。而循吏的"标配"之一，便是听讼决狱时先"闭阁自责"。

例如西汉时期最著名的循吏韩延寿，认真践行孔子"先富后教"的执政方针与"听讼，吾犹人也，必也使无讼乎"的政治追求，任东郡太守期间"令行禁止，断狱大减"。后任左冯翊，于视察高陵县时遇两兄弟因田产争讼。韩延寿因自己"为郡表率，不能宣明教化，至令民有骨肉争讼"而痛切自责，于是"入卧传舍，闭阁思过"，惊得一县官民手足无措，令丞、啬夫、三老自系待罪，两兄弟亦深感愧悔。

东汉时期的胶东侯相吴祐，史书载其"政唯仁简，以身率物"。每当遇到争诉的百姓，吴祐总将自己关进小黑屋里自责一番，然后才走出来给当事人摆事实、讲道理，还常常深入街间里巷劝导当事人化解仇怨，达成和解。后来，在处理一起杀死辱母者的案件时，吴祐因特许人犯与妻子团聚，待其妻怀孕后方对人犯执行死刑而为后世所称道。

由于大禹下车泣囚故事的意涵如此之丰富，影响如此之巨大，所以它在很早的时候就被绘制成图像，以便更直观地起到化行天下的作用。元代大儒郝经曾亲眼见过《大禹泣囚图》，并为之作图赞一首，其文曰：

> 地平天成，万古一治。人脱于鱼，鼓舞圣世。
> 稷务播种，契施礼义。伯夷降典，咎繇作士。
> 刑犹弗措，岂禹之志。号泣旻天，反躬责己。
> 虽得其情，哀而弗喜。彼伊辟王，敢扰天纪。
> 血污皇极，手刃赤子。顾瞻兹图，宁无愧耻。

到了明朝，身为帝师的内阁首辅张居正要给年幼的万历帝编一套寓教于乐的绘本。他精心挑选了正反两面共计117个历史故事，上部"圣哲芳规"的81个故事历述先圣贤王的德行与善政，下部"狂愚覆辙"的36个故事痛陈昏主暴君的倒行逆施之祸，并为每个故事配上精美的插图。这本"好皇帝修炼手册"最后被命名为《帝鉴图说》，在"圣哲芳规"系列中，"下车泣罪"赫然在列，以警示帝王"禹汤罪己，其兴也勃焉；桀纣罪人，其亡也忽焉"。

天命玄鸟：图腾崇拜与刑名从商

天命玄鸟，降而生商，宅殷土芒芒。

古帝命武汤，正域彼四方。

——《诗经·商颂·玄鸟》

《诗经·商颂》以乐歌的形式，记述了商朝的神圣历史。结合《史记·殷本纪》和《竹书纪年》，我们可以勾勒出商人祖先降生的图景。有个名叫简狄的小姑娘嫁给帝喾做了次妃。在春分这个万物复苏的日子里，参加完郊祀礼的简狄和她的姐妹们开开心心来到河边沐浴。突然，从天上掉下一颗玄鸟蛋，好巧不巧，正好落到简狄的手里。洁白的鸟蛋映着阳光，折射出一种奇异的五色光晕。小姑娘对这鸟蛋产生了不可遏制的食欲，竟将其一口吞下。鸟蛋落肚，简狄就怀孕了，后来生下契——正是商王朝的祖先。

这是祖先神话中常见的一种叙事模式，神话学上称为"感

燕 （清）徐鼎辑：《毛诗名物图说》，乾隆三十六年刊本

生说"，即通过对统治者出身的神圣化叙事，暗示其权力源自天命，因此具有不容置疑的权威性。那个能令女性先祖有感而孕，继而诞下部落首领或氏族祖先的超自然力量，通常与族群的象征物高度相关，也就是该族群所崇拜的图腾或图腾的印迹。

对这种模式最简单粗暴的运用莫过于汉朝。汉王朝宣称，刘邦之母刘媪某一日于大泽休憩时，有蛟龙伏其上，继而有孕，乃生高祖。

但是诸位有没有觉得，这个套路似乎哪里不大对劲？如果说部落首领／王朝创始人被认为是其母与图腾／父神之子，那么这名女性的丈夫岂不是……

于是，随着父系伦理的增强，后世史书对上述叙事模式进行了润色，变成宣称他们的母亲在怀孕时梦见登梯扪天、日月入怀，或生产时红光满室、紫气盈庭，既可以彰显其天赋秉异、骨骼清奇，实乃天选之子，又可表明其终归还是自己父母爱情的结晶。

言归正传，说回商人的图腾玄鸟。玄者，黑也，无论是王逸的《楚辞》注，还是郑玄的《礼记》注，都做出了如下注解："玄鸟，燕也。"这不仅因为燕子有着黑色的羽毛，还因为燕子的故乡在北方，北方在五行学说中亦对应黑色，再加上燕子正是春分的时令标志，所以玄鸟就是燕子的观点获得了最广泛的认同。

恢宏的宗庙祭祀建筑、浓郁的巫鬼文化、精美的青铜器、狞厉繁复的花纹、大规模人殉牺牲的使用等，与克勤克俭、有礼有节的周代相比，商王朝处处彰显出一种繁盛到极致的奢靡气息。在图腾方面，虽说人类对飞翔的渴望由来已久，但初民社会出于现实主义考量，大多以猛兽为图腾，以期获得同样的力量与勇气。而根据王国维先生的考证，商人为东夷人的分支，以鸟为图腾。似乎在这个部族里，浪漫主义占据了上风，鸟儿被认为更接近天空，也更接近祖先和神灵。于是在目前唯一保存完整的商代王室成员墓葬——妇好墓的随葬品当中，我们可以看到品类繁多的鸟儿：玉燕、玉鸮、玉鸽、玉怪鸟，以及各种各样的鸟形器物。

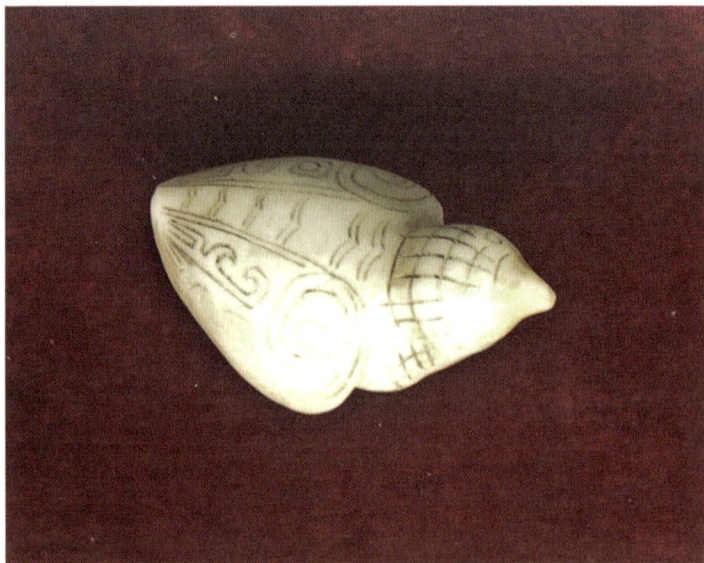

（商）玉燕　河南安阳殷墟妇好墓出土，安阳市殷墟博物馆藏，作者摄

在后世的文物和图像中，我们依然可以看到玄鸟的身影。1989年，山西省闻喜县出土了一件精巧的、来自西周晚期的青铜文物——刖人守囿铜挽车。在这辆厢式六轮挽车之上，活灵活现地铸造着王族苑囿里的20多只飞禽走兽。车顶中央的猴子可用于打开厢盖，周围的四只小鸟还能自由旋转，构思不可谓不奇妙。

不过，让我们暂且把关注重点转移到车门边那个负责看守苑囿的刖人身上。他的左脚部位缺失，左手挂着一条假肢，门闩从他的右臂腋下穿过，可用于控制车门开合。在他的背上，

（西周）刖人守囿铜挽车　山西青铜博物馆藏，黄海摄

（西周）刖人守囿铜挽车　山西青铜博物馆藏，阮嘉禾摄

甲骨文的"刖"（右下）
《甲骨文合集》1044 正

刻着一只飞翔的玄鸟。

从以上两节当中，我们已经了解了"刖"这种砍掉犯罪人足部的肉刑。不过，无论是蚩尤"作五虐之刑曰法"，还是"皋陶造狱法律存"，皆属于传说的范畴，而能被信史确认的旧五刑体系的源头，则是"刑名从商"。在殷墟出土的甲骨卜辞当中，我们可以找到"墨""劓""刖""宫""死"的古老文字。甲骨文的"刖"左边为人，右边为刀，刀子正位于人的胫骨下端，是不是非常象形？

接下来还有个具体问题，毕竟人有两只脚，执行刖刑时是砍左脚，砍右脚，还是将两只脚都砍掉？刖人守囿铜挽车以及其他带有刖者形象的青铜器为我们提供了第一手证据：刖刑一般只刖一足，而且是左足。那么，秦以及西汉早期的刑制体系中为何同时包含斩左趾和斩右趾两种砍掉犯罪人的脚的刑罚？对此，晚清著名律学家和法律改革先驱沈家本先生的解释是："斩右趾者必再犯刖者。"也就是说，由于肉刑不具备可再罚性，对于累犯只能换一个地方砍，因此形成了初犯斩左趾，再犯斩右趾的刖刑执行规则。到了汉文帝刑制改革之时，斩左趾被改为笞五百，斩右趾则直接变成了弃市死罪，其根源就在于斩右趾的累犯属性。

此外，这名刖人拄着的假肢，很可能就是成语"屦贱踊贵"中的"踊"。据《左传》记载，由于晏子的住宅临近街市，齐景公就与他聊起当时的物价水平，晏子答曰："踊贵，屦贱。"意为被施行刖刑的人太多，导致普通的鞋子因卖不出去而降价，刖人所需的"踊"却因供不应求而价格倍增。齐景公听后醒悟，为之省刑。后世便以该词来形容刑罚苛滥。

而刖人守囿的制度性原因，我们在上一节中也提到过。犯罪人因被施行肉刑而沦为贱民，此后只能接受有关国家机构指派，用承担一定劳役的方式换取生存空间。《周礼·秋官司寇》云："刖人使守囿。"囿为王公贵族豢养珍禽异兽之所，守囿即负责看守苑囿大门，此件文物恰好与《周礼》的说法相印证。

至于这名刖人的后背上为何刻着一只玄鸟，历来众说纷纭：或者是寄托向往自由的情怀？或者只是表现苑中飞鸟的一种雕刻手法？抑或是该名刖人的部族图腾？那他会不会是殷商王朝的遗民？或者至少是东夷人？

另一处可以见到玄鸟的地方就是敦煌壁画了。在绘制于西魏时期的莫高窟第249窟壁画中，玄鸟与青鸟、凤鸟、千秋长命鸟一起，构成了佛国世界神鸟朝圣的辉煌图景。

不过，壁画中的玄鸟除了是黑色之外，似乎长得不像燕子？并且其造型与同一幅壁画中的凤鸟让人傻傻分不清楚？

其实，虽说玄鸟就是燕子的观点，其证据确实充分，不同

（西周）刖人守囿铜挽车（局部）　山西青铜博物馆藏，黄海摄

（西魏）玄鸟　莫高窟第249窟主室西披壁画（局部）

（西魏）凤鸟与青鸟　莫高窟第249窟主室东披壁画（局部）

（商）玉凤　河南安阳殷墟妇好墓出土，国家博物馆藏，作者摄

的声音依然存在。《离骚》有云："凤皇既受诒兮，恐高辛之先我。"高辛氏即帝喾，所以屈原此处是化用了简狄的典故。闻一多先生在此基础上详加考证，认为玄鸟就是凤凰。在妇好墓的出土文物中，我们亦可看到一只造型精美的玉凤。

虽然在玄鸟是燕子还是凤凰的问题上，两种观点莫衷一是，但敦煌壁画或许可以为我们提供一个新思路：以燕子为原型的玄鸟被不断神化，尾羽变长，与中国典型神鸟——凤凰的形象发生了混同。

除玄鸟之外，商王朝最尊崇的另一种神鸟就是猫头鹰了。这种鸟儿在中西早期文化中都被视作沟通阴阳两界的信使。妇好墓中出土的青铜鸮尊堪称国宝级文物。

（商）妇好青铜鸮尊
河南安阳殷墟妇好墓出土，
国家博物馆藏，作者摄

　　不过，鸟儿的象征意义并不是一成不变的。在庄子的寓言当中，猫头鹰（鸱）已经同鸾凤（鹓鶵）形成了卑污与高洁的对照组，后来，贾谊化用其意，以"鸾凤伏窜兮，鸱鸮翱翔"的诗句悼念屈原，抒发贤人失意、小人得志的抑郁不平之气。更糟糕的是，猫头鹰在秦汉时期还跟神话传说中甫一出生就会吃掉母亲的恶鸟"枭"扯上了关系。此时的死刑类目之一枭首，即斩首而悬于木上，一种解释是模拟枭吃掉母鸟仅剩头颅的惨状，另一种解释是捕到枭之后需悬首示众。汉代甚至还有五月食枭羹的习俗，以彰显对逆子的深恶痛绝。而在民间，猫头鹰昼伏夜出的习性以及凄厉的叫声也带给人们阴森恐怖的联想，因此被视为会带来灾祸和死亡的不祥之鸟。在这种全民厌憎的环境中，猫头鹰没有灭绝真是幸甚至哉。

再比方说乌鸦，我们都知道三足金乌的传说，儒家也认为乌鸦有反哺之德。如此兼具神圣性和道德性的鸟儿，本应高枕无忧，孰料元代以后，它被与墓地和死亡联系起来，成为不祥的象征，为人们所厌弃。

而事到如今，猫头鹰的形象几乎又完成了一个反转，主要原因当然是：萌！

乌鸦表示：这个看脸的世界不会好了……

秦人尚六：数字中的天命密码

秦朝似乎对数字六情有独钟，这在许多文献中都能觅得端倪。

先拿出土文献睡虎地秦墓竹简来说，在《法律答问》中，身高是否达到六尺是一个秦朝人会不会承担刑事责任的分界线：

> 甲盗牛，盗牛时高六尺，毄（系）一岁，复丈，高六尺七寸，问甲可（何）论？当完城旦。
>
> 甲小未盈六尺，有马一匹自牧之，今马为人败，食人稼一石，问当论不当？不当论及赏（偿）稼。

由于身高未达六尺者没有刑事责任能力，因此唆使其实施犯罪行为之人不仅要被当作现代刑法学意义上的间接正犯，承担全部刑事责任，还会因腐蚀下一代，罪大恶极，被秦朝法律科以死刑中最残酷的磔刑：

> 甲谋遣乙盗杀人，受分十钱，问乙高未盈六尺，甲可（何）论？当磔。

按照一秦尺约合今23.1厘米的换算标准，秦朝的六尺约合今日的1.39米。后世的经学大师郑玄、贾公彦、孙诒让等人皆认为，身高六尺还可换算为男子十五岁。考虑到古人的营养水平和平均身高，这是一个大致合理的结论。

此外，在财产类犯罪当中，六百六十钱是数额特别巨大、情节特别严重的节点：

> 五人盗，臧（赃）一钱以上，斩左止，有（又）黥以为城旦；不盈五人，盗过六百六十钱，黥劓（劓）以为城旦；不盈六百六十到二百廿钱，黥为城旦；不盈二百廿以下到一钱，迁（迁）之。

也就是说，秦律对盗罪的量刑，第一步是根据参与人数是否大于等于五人，将其分别定性为团伙盗罪和普通盗罪。团伙盗罪由于触动了统治者对于民众集结的敏感神经，因而不论盗得数额多寡，一旦既遂，便要先施加砍去左脚及在脸上刺字两种肉刑，再将其籍没为终生服最重劳役的犯罪奴隶，刑罚可谓分外严厉。而普通盗罪，用今天的刑法术语来说，类似数额犯，即法律根据犯罪人所得赃款的数额多寡来决定量刑轻重。而且与当代刑法通常将违法所得金额分为数额较大、数额巨大、数额特别巨大三个层次相同，秦律也划分出1—220钱、220—660钱、660钱以上三个金额段，并为其匹配了不同的法定刑。

而在《效律》中，当会计账目与实有数目存在出入时，六百六十钱依然是主管官吏承担最重的赔偿责任的分界线：

> 计脱实及出实多于律程，及不当出而出之，直（值）其贾（价），不盈廿二钱，除；廿二钱以到六百六十钱，赀官啬夫一盾；过六百六十钱以上，赀官啬夫一甲，而复责其出殹（也）。

哪怕是在《秦律杂抄》所记载的畜牧业管理条例中，负责驯马的官吏一年若是驯不出六匹以上的宝马良驹，就要受到处罚：

> 课驺驵，卒岁六匹以下到一匹，赀一盾。

如果十分之六的成年母牛没有生下幼崽，牛圈的负责人和副手就得交罚款：

牛大牝十，其六毋（无）子，赀啬夫、佐各一盾。

当然，系统表述秦朝在国家建制中对数字六的偏爱的是传世文献《史记·秦始皇本纪》："符、法冠皆六寸，而舆六尺，六尺为步，乘六马。"与此同时，《史记》也对这种喜好的根由给予了解释："始皇推终始五德之传，以为周得火德，秦代周德，从所不胜。方今水德之始，改年始，朝贺皆自十月朔，衣服旄旌节旗皆上黑，数以六为纪。"虽有部分学者认为"数以

秦始皇像
（明）王圻、王思义撰辑：《三才图会·人物》，明万历三十七年原刊本

六为纪"并不源自秦始皇，而是秦对春秋以来尚六之风的继承，其源流或可追溯到对天数十二的崇拜（六为天数之半），或与"人道以六制"的思想传统密不可分，但以上观点只是提供了另一种可能的诠释路径，既不能否认水德之说是秦格外钟情数字六的理由之一，更不能否认水德之说与数字六之间的内在联系。

"德"是中国传统政治与文化中非常重要的概念。早在殷周易代之际，为了构建政权合法性基础，周朝统治者就对天命观进行了大刀阔斧的改革，抛弃了商王所认为的只要通过血食牺牲取悦祖先和天帝，天命就能永久垂青于自己这种明显带有巫术性质的理念，转而提出皇天并非一家一姓之天，天命是流转与变动的，而上天在人间选取他的代理人的依据就是"德"，即"皇天无亲，惟德是辅"。

"以德配天"思想堪称中华文化的"元理念"之一。后世儒家便是从实践理性的角度出发，阐发了以"德政"为核心的贤人政治模式和以"立德"为核心的君子型理想人格。与此同时，亦有学术流派对这一"元理念"进行了神秘化解读，例如战国时期阴阳家的代表人物邹衍，就将天命之德与五行学说结合起来，形成了五德终始说。

五德终始说认为，每个王朝都是受天命所生，并被赋予了具有某种特质的德运，这种德运在王朝兴起之初会有符瑞作为受命的征兆，即"凡帝王者之将兴也，天必先见祥乎下民"。

而随着该王朝德衰，必会有另一种德运兴起，最后，秉承了新德运的王朝将会取前朝而代之。

不同特质的德运共有五种，即"金""木""水""火""土"五德。这显然是构建在中华文化的另一"元理念"——五行学说的基础上的。所谓"金""木""水""火""土"五行，并不是五种物质的实指，而是囊括了世间所有事物基本属性的类概念。一切事物都可归入这五类并与五行相对应，例如五方、五色、五音、五味、五谷、五脏、五虫等，中国传统刑罚体系被表述为五刑，同样有"法五行"的意义。

五行与主要事物的对应关系表大致如下：

五行	金	木	水	火	土
五方	西	东	北	南	中
五色	白	青	黑	赤	黄
五脏	肺	肝	肾	心	脾
五味	辛	酸	咸	苦	甘
五音	商	角	羽	徵	宫
五时	秋	春	冬	夏	季夏

五行相生相克，循环往复，永不停歇。五德终始说就是以下图所示的五行生克关系为基础，阐释德运兴衰和王朝兴替基本规律的理论。

五行生克关系图

　　邹衍认为"五德从所不胜"，即天命转移是一种特质的德运战胜另一种德运的过程。因此，每个王朝的德运应当依据相克法则来确定，以土德作为起始，接下来依次为木德（木胜土）、金德（金胜木）、火德（火胜金）、水德（水胜火），然后再回到土德（土胜水），开启下一个循环周期。代入到中国的历史当中（准确来说是时人所认为的中国历史当中），第一位帝王黄帝是土德，少昊是木德，颛顼是金德，帝喾是火德，帝尧是水德，虞舜是土德，夏禹是木德，殷商是金德，周朝则属于火德。而"代火者必将水"，因此秦始皇统一六国后，便以秦文公出猎获黑龙作为水德受命之兆，进行了一系列与水德相符的国家建制改革，"改正朔、易服色"就是其中最为重要的内容。由于与水相对应的时令为冬，故以十月为岁首；与水相对应的颜色为黑，故衣服旌旗皆尚黑。它们以同天命之德相匹配的形式，成为昭示政权合法性的重要方式。

但是说了半天，这跟数字六到底是怎么扯上关系的？先别着急，我们马上进入中国古代神秘文化的另一大领域——数术之学。在该领域，数字不仅仅是一个计量符号，它同样可以与五行相匹配，衍生出一系列复杂内涵，而数术之学的根基，在于河图与洛书。

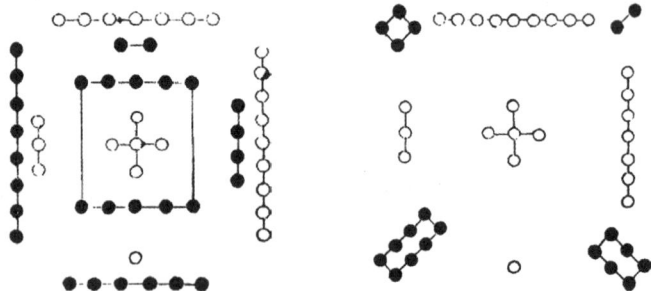

河图洛书
（宋）朱熹：《周易本义》，清康熙年间内府仿南宋咸淳乙丑九江吴革刊本

　　河图洛书的具体形成年代已不可考，但它们在战国时期应当就已具雏形。《周易·系辞上》有言："河出图，洛出书，圣人则之。"也就是说在传说当中，曾有龙马现于黄河，神龟出于洛水，它们身上背负的神秘图案就是河图与洛书，后来，伏羲氏根据这些图案创制了八卦，因此，河图洛书被视为包括数术之学在内的中国一切神秘文化的起源。

　　洛书其实是我们在小学数学课上就已接触过的九宫格填数游戏，即将1到9这九个自然数不重复地填入3×3的空格当中，确保它们横向相加、纵向相加以及斜向相加之和皆为15。其歌诀云："戴九履一，左三右七，二四为肩，六八为足，五居中央。"

4	9	2
3	5	7
8	1	6

　　在这些自然数当中，1、3、5、7、9五个奇数在古人看来属于阳性，因此被称为阳数，用白圈表示；2、4、6、8等偶数为阴数，用黑点表示。洛书中的五方皆为阳数，四隅皆为阴数。

　　在简单了解洛书的基础上，我们终于可以来看看信息更为丰富的河图。河图包括从1到10十个自然数，且每个数字都可以同两组属性相匹配。

第一组属性是天数和地数。阳数象征天，被称为天数；阴数象征地，被称为地数。这组信息与数字匹配的结果是：天一、地二、天三、地四、天五、地六、天七、地八、天九、地十。

第二组属性是生数和成数。所谓生数，即产生五行之数。《尚书·洪范》有云："一曰水，二曰火，三曰木，四曰金，五曰土。"乍看只是对五行的列举，但其注疏却解释道："皆其生数。"也就是说，一、二、三、四、五分别是水、火、木、金、土的产生之数，再配上天数与地数的属性，这五个数字就可以表述为：天一生水，地二生火，天三生木，地四生金，天五生土。

而成数是指成就五行之数。生数虽能创生万物，但这一阶段的事物还处于虚空状态，必须经过成数的成就才能落到实处，正式成形。在事物由生到成的状态转化中，最重要的中间媒介是数字五。五虽是阳数，属天，但又象征土，属地，所以古人认为五具有沟通天地的特质，无论是在河图还是洛书当中，五都居于最中间的位置。成数正是在生数的基础上加五得出，故可表述为：地六成水，天七成火，地八成木，天九成金，地十成土。我们还可以看到，因为有了五这个"流变之数"的参与，每个五行属性的生数和成数必然一个是阳数，一个是阴数，即"生于阳而成于阴"，或"生于阴而成于阳"，如此方能阴阳相得，杂而成物。

最后，将每个五行属性的生数和成数放在一起，置于对应的方位当中，所形成的正方形图示就是河图。在古人所绘制的"下北上南，左东右西"的方位图中，北方以天数一配地数六，属性为水；南方以地数二配天数七，属性为火；东方以天数三配地数八，属性为木；西方以地数四配天数九，属性为金；中央以天数五配地数十，属性为土。如此一来，就形成了天数、地数、五方、五行的同构关系。

于是我们便可以理解，由于秦朝被宣布为水德，那么根据河图"天一生水，地六成之"的歌诀，水的成数"六"就成为国家建制中最常见的数字。

此外，我们还可以在其他地方看到"天一生水，地六成之"这一数术理论的具体应用。中国现存历史最悠久的私家藏书楼、位于浙江省宁波市的天一阁，便是因"天一生水"而得名。众所周知，火是纸质图书最大的劫难，所以当退休的明朝兵部右侍郎范钦主持修建这座范氏藏书楼时，很希望通过"天一生水"的神秘力量克制住火灾，确保藏书楼安然无虞。与此同时，天一阁藏书楼被设计成一座两层的硬山顶建筑，底层面阔六间，第二层则为一大通间，从而形成与水相应的"天一地六"格局，内部的书橱数目、尺寸亦俱含数字六。

后来，乾隆帝为了储藏《四库全书》，命人以天一阁为蓝

北京故宫文渊阁，作者摄

掩映在红墙金瓦中的沈阳故宫文溯阁，作者摄

本，修建了七座皇家藏书楼，即北京紫禁城的文渊阁、圆明园的文源阁、盛京（沈阳）的文溯阁、承德避暑山庄的文津阁、镇江金山寺的文宗阁、扬州天宁寺的文汇阁，以及杭州西湖孤山的文澜阁。其中，除文宗阁比较特殊外，其他藏书楼的名称都包含一个与水有关的字眼。时至今日，当我们在北京故宫和沈阳故宫游玩时，还能在红墙金瓦的包围圈中一眼看到那座面阔六间、绿墙黑瓦的独特建筑，它们默默向我们传递着古代数术与五行的神秘信息。

而谈到水与王朝德运的话题，就不得不提到一个著名典故"红颜祸水"。此语最早出自《飞燕外传》一书，相传汉成帝之时，赵飞燕、赵合德姐妹初入宫闱，后宫诸人皆对其绰约风姿艳羡不已，只有资深女博士淖方成唾道："此祸水也，灭火必矣。"果然，飞燕姐妹获专房之宠以后在后宫掀起了惊涛骇浪，直接导致汉成帝绝嗣，西汉王朝因此衰微——正印证了淖方成当日所言。

《飞燕外传》旧本将该书作者题为伶玄，并附上了一篇伶玄"自序"。在这篇小文中，伶玄自称与西汉末期的大文豪扬雄有一番恩怨纠葛，并于晚年（汉哀帝时期）纳一妾，名樊通德，而此女的祖姑樊嬺，正是赵飞燕的心腹女官。樊通德将家族中流传的飞燕姐妹故事讲给伶玄听，伶玄由是撰成此书。看起来确实是有鼻子有眼。因此，不但"祸水"之说及飞燕合德的香艳轶事被后世广为传播，就连伶玄"自序"中描绘樊通德

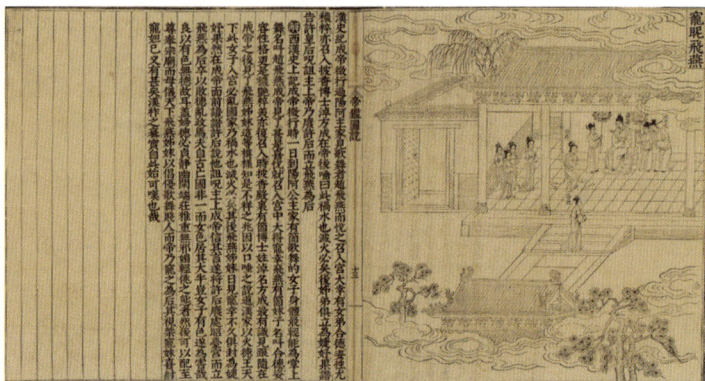

宠昵飞燕图　（明）张居正编：《帝鉴图说》，明万历元年潘允端刊本

在讲述飞燕旧事时"以手拥髻，凄然泣下"的场景，也成为诗词作品中表达怀旧生哀情感的经典意象。尤其是北宋名臣司马光编纂《资治通鉴》时摘录了这则材料，"祸水"一语直接升格成了正史记叙。明代首辅张居正在用《帝鉴图说》中的反面典型"狂愚覆辙"篇劝诫小皇帝时，同样采用了淖方成之言，以"祸水"指代美人祸国由此成为家喻户晓的譬喻。

不过，到了清乾隆年间编纂《四库全书》之时，四库馆臣正是因为"祸水灭火"的著名典故，而将《飞燕外传》判定为伪书。所谓"伪书"，是指那些在作者身份、成书年代、内容来源等方面存在故意伪造或托名现象的古代文献。因为存在作伪问题，所以即便不能认为伪书中的内容全部为假，但至少不可尽信。伪书是文献辨伪的成果，辨伪则是文献学的核心和历史学的基础，即通过系统方法，鉴别古书所标榜的作者、时代或背景与实际情况是否相符，从而剥离附着在文献之上的托名、篡改、虚构等伪装，还原文本的本来面目。

《四库全书总目提要》所展示的四库馆臣对《飞燕外传》的辨伪过程堪称辨伪学的典范之作。在将《飞燕外传》的文风与西汉作品进行比对，指出序言所载的该书的流传过程存在诸多不合情理之处，质疑樊嬺探知闺帏秘事并将个中细节一一转述给樊通德的可能性之后，四库馆臣以淖方成之语为切入点，将"前朝人讲后朝事"的辨伪方法运用得炉火纯青：

　　……且"祸水灭火"，其语亦有可疑。考王懋竑《白田杂著》有《汉火德考》曰："汉初用赤帝子之祥，旗帜尚赤。而自有天下后，仍袭秦旧，故张苍以为水德。孝文帝时，公孙臣言，当改用土德，色尚黄，其事未行。至孝武帝改正朔，色尚黄，印章以五字，则用公孙臣之说也。王莽篡位，自以黄帝之后当为土德，而用刘歆之说，尽改从前相承之序，以汉为火德。后汉重图谶，以《赤伏符》之文改用火德。班固作志，遂以著之《高帝纪》。而后汉人作《飞燕外传》有祸水灭火之语，不知前汉自王莽、刘歆以前，未有以汉为火德者，盖其误也。"云云。据此，则班固在莽、歆之后，沿误尚为有因，淖方成在莽、歆之前，安得预有灭火之说？

众所周知，淖方成之所以会将飞燕合德比作能够覆灭汉室的祸水，是以汉为火德这样一个公共性知识为前提的。但是，汉朝的德运确立并非一蹴而就，而是经历了漫长且曲折的过程。汉高祖刘邦坐拥天下以后，各项制度亟待完善。历法学家张苍被任命为计相，负责全国律历、财政事务。张苍认为刘邦于十月进驻霸上，取得灭秦的终极胜利，因此延续了秦以十月为岁首的旧制，并推算五德之运，认定汉为水德，服色尚黑如故。但这一表面上的"汉承秦制"其实是以否认秦朝的正统地位为基础的。既然秦是一个根本就不应该存在的"伪政权"，那么汉便越秦承周，还是依照"代火（周）者为水"的五德终始理论，将汉朝确定为水德。

不过，上述观点在汉文帝时期发生了动摇。文帝十四年（公元前166年），有一个名叫公孙臣的鲁国人上书，提出应当在承认秦为水德的基础上，按照五德终始之说认定汉为土德。这番言论遭到了已是丞相的张苍的激烈反对。然而次年春天，就出现了"黄龙见于成纪"这一与土德相契合的符应，公孙臣因此被征召为博士，负责草拟改正朔、易服色的具体方案。该方案直到汉武帝太初元年（公元前104年）才正式贯彻实施，确立了正月为岁首、服色尚黄、印章用五字等一系列围绕土德理论展开的制度。

到了西汉末年，情况又发生了重大转变。彼时如日中天的谶纬五行思想使儒学出现了严重的神学化趋势，政治上的颓势和接二连三的灾异使广大士人相信，大汉天命将尽，必有"圣人"应运而生，取而代之，那个"圣人"就是"谦恭未篡时"的王莽。为了进一步论证王莽代汉的合理性，王莽的支持者——著名经学家、目录学家刘歆抛出了他的新五德终始理论。刘歆指出，天命转移不是一种德运战胜另一种德运的暴力革命逻辑，而是一种德运承接另一种德运的和平禅代逻辑。因此，要确定某一王朝的德运，不能通过五行相克之法推衍，而要通过五行相生之法重新排列，以木德为起始，其后依次是火德（木生火）、土德（火生土）、金德（土生金）、水德（金生水）。与此同时，刘歆还把中国的古史体系上溯至伏羲，建立起伏羲木德、炎帝火德、黄帝土德、少昊金德、颛顼水德、帝喾木德、唐尧火德、虞舜土德、夏禹金德、成汤水德、周朝木德的德运史。秦朝依然属于要被踢出正统序列的"伪政权"，于是汉朝作为尧后，自然应当以火德承木，日后也必然会被身为帝舜之后、属于土德的王莽新政权取代。

后来我们都知道，寄托着众多士人关于《周礼》乌托邦理想的新朝在一片混乱中以惨烈的方式下线。光武帝刘秀一方面彻底否认新莽政权的合法性，一方面继续利用《赤伏符》等谶纬文书中的"火德未竟"之说为刘氏"再受命"提供理论依据，并于建武二年（公元26年）建立起与火德配套的相关制度。赤色由此成为皇家正色，东汉也因此获得了"炎汉"这个称谓。东汉时期的史著更是在追溯汉朝神圣历史的时候，形成了两汉皆火德的正统叙事。最典型的例子便是班固在《汉书·高帝纪》中称颂刘邦："汉承尧运，德祚已盛，断蛇著符，旗帜上赤，协于火德，自然之应，得天统矣。"

不过，熟知史籍的读者会发现此处仍有疑窦。刘邦斩蛇乃赤帝子杀白帝子，因而义军旗帜尚赤的记载实则源自《史记》。因此，《史记》该部分内容是否为真，便成为聚讼纷纭的问题。（这里所说的真，并非在客观意义上探讨刘邦是否真的经历过此等灵异事件，而是在文献学意义上研究相关内容是否确为太史公所写。换句话说，即赤帝子传说是否在司马迁的时代已成为官方主流话语，如果是，其含义又是什么。）四库馆臣对该问题没有多做探讨。到了近代，顾颉刚和吕思勉先生认为赤帝子传说是汉为火德的主张出现之后才增窜进《史记》的。钱穆先生则认为《史记》内容为真，赤帝子传说其实是当时另一套学说"五方色帝说"的反映，与五德终始说无关。

虽然各家对刘邦为赤帝子的传说有不同见解，但在"王莽、刘歆以前，未有以汉为火德"方面则基本达成了一致。既然淖方成生活的时代，汉朝还不是火德，那她怎么可能讲出"祸水灭火"的话来？所以这句话本身便未可作为信史引征。再进一步推论，《飞燕外传》的真实成书年代必然在汉为火德已成为公共性知识之后，也就是东汉以后的时段，其所标榜的西汉作者伶玄显然也属于托名的情况。这就是王朝德运的历史在文献辨伪领域出人意料的作用。

秋后问斩：天人之道与司法时令

　　西汉时期，有一个名叫王温舒的酷吏，因督捕盗贼得力而被汉武帝任命为河内太守。王温舒到任时正是九月，他嫌官驿传递文书效率太低，于是命令郡中准备私马五十匹，部署在河内至长安的驿站当中，又挑选出若干身犯重罪的好勇斗狠之徒，拿捏着他们的把柄指派其到第一线逮捕豪强大族，诸相连坐者多达千余家。接着，王温舒上书汉武帝，提出对这批人的处理方案：重者灭族、轻者处死，家产皆尽抄没。奏报发出不过两三日，就得到了汉武帝的许可诏书，于是，一场大规模的杀戮开始了，以致流血十余里。到了十二月底，郡中寂寂无声，无人敢夜行，郊野也没有因盗贼引起的犬吠了。少数豪强逃到了周边郡县，王温舒派人继续追捕，待捕获回郡时恰遇第二年开春，王温舒顿足长叹道："哎呀，冬天如果能再延长一个月就好了，那样我就可以把事情都办完了！"

　　《史记》《汉书》记载此事，自是为了说明王温舒"好杀伐

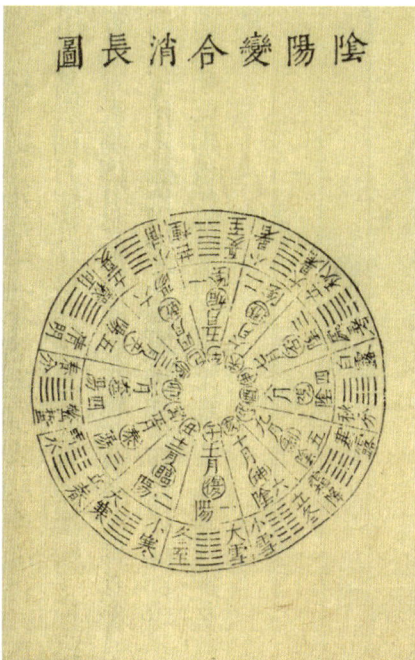

阴阳变合消长图
（明）王圻、王思义撰辑：
《三才图会·时令》，明万
历三十七年原刊本

行威不爱人如此"，但我们却可以从中发现一个制度性细节：汉代的死刑奏决时间是从每年九月（季秋）到十二月（季冬），一到春天必须停刑，哪怕酷烈如王温舒，也不得不遵照执行。

那么，汉代为何会有秋冬行刑的规定？这得从中国自上古时期就广为流传的"顺天则时"思想谈起。生活在温带季风气候区的中华先民在观察宇宙万物的运行规律时，形成了四时、八位、十二度、二十四节等兼具实用性和形而上学色彩的阴阳五行体系，并以"春生夏长，秋收冬藏"作为四时之纲领。而且，他们本着天人合一的整体论观念，认为无论是个人的生命历程，还是国家的政治活动，于宇宙而言皆是部分与整体的关系，自然也都被笼罩在那个八字诀的"天道"当中。正所谓"顺天者昌，逆天者亡"，顺应天时而动就显得尤为重要。在《黄帝内经》当中，岐伯在向黄帝阐释养生之道时指出："夫四时阴阳者，万物之根本也，所以圣人春夏养阳，秋冬养阴，以从其根，故与万物沉浮于生长之门。"《礼记·月令》和《吕氏春秋》"十二纪"则开启了中国古代的月令政治，即天子每个月应当顺应时令做哪些天人相应的工作，内容涉及吃什么食物、穿什么衣服、听什么音乐、住在什么地方、参加哪些活动、处理什么类型的政务等方方面面。在董仲舒借用阴阳五行学说诠释经典之后，天道与儒学正式结合，成为某种程度上可以对人主起到制约作用的"宪法"。

除天子之外，汉代的丞相也是月令政治的重要组成部分。汉文帝曾向丞相周勃、陈平询问全国的刑狱和钱谷收支状况，二人答不上来，周勃惶恐不已，陈平却泰然回复道，这两类事务自有廷尉和治粟内史主管，而宰相的职责，在于"上佐天子理阴阳，顺四时，下育万物之宜，外镇抚四夷诸侯，内亲附百姓，使卿大夫各得任其职焉"，文帝称善。

汉宣帝时期的丞相邴吉，有一次外出时遇到两拨人打群架，死伤横道，邴吉不闻不问，继续前行。直到他看见一名农夫驱赶着一头耕牛，牛吐着舌头、气喘吁吁地行走时，连忙命令停车，派遣属下前去询问牛是走了几里地才喘成这个样子。属下认为邴吉此举轻重颠倒，有重畜轻人之嫌，邴吉解释道，民众打架斗殴，自有长安令、京兆尹处理，我只需要在年末对其进行考核，奏行赏罚，而不应当在公共场合亲自过问。但是，"方春少阳用事，未可大热，恐牛近行，用暑故喘，此时气失节，恐有所伤害也。三公典调和阴阳，职当忧，是以问之"。属下叹服，并留下了"邴吉问牛"的典故。

由此可见，丞相被赋予了一个崇高使命，即协助皇帝对国家大事进行宏观调控，确保帝国的人事运转和政务运行同天道保持一致，实现整个宇宙秩序的和谐统一。如若不然，上天便会降下各种灾异以示警告和惩戒。这正是两汉帝王会在严重自然灾害发生时下诏罪己、丞相也会因此引咎辞职或被迫自杀的原因。

在适宜的时节干适宜的事。统治者要遵守这一原则，百姓自然也不例外。在位于敦煌附近的悬泉置遗址中，考古学家发现了用墨书写在墙壁上的一篇诏令。该诏令是西汉平帝年间，王莽借太皇太后的名义颁布的，题名为"使者和中所督察诏条四时月令五十条"，一般简称为"四时月令诏条"，它要求百姓们不得在春天捕捉幼鸟幼兽、砍伐木材、烧山田猎，不得在秋天开采矿物等，被许多人认为是中国最早的环保法，但事实上，它依然是月令政治之下顺应阴阳、四时与五行的规定。

在四时当中，秋天因为草木摇落而被视为阴气占据上风的季节。其于五行中属金，于五方中属西，于五音中属商，主刑狱杀伐。对此，北宋文学家欧阳修在《秋声赋》里有非常全面的描述：

> 夫秋，刑官也，于时为阴；又兵象也，于行用金。是谓天地之义气，常以肃杀而为心。天之于物，春生秋实，故其在乐也，商声主西方之音，夷则为七月之律。商，伤也，物既老而悲伤；夷，戮也，物过盛而当杀。

北宋经学家胡安国在其著作《春秋传》中亦总结道：

> 立天之道曰阴阳。阳居春夏，以养育为事，所以生物也。王者继天而为之，子则有赏。阴居秋冬，以肃杀为事，所以成物也。王者继天而为之，子则有刑……古者赏以春夏，刑以秋冬，象天道也。

所以，从《周礼》将掌管刑狱的官员归为"秋官"，到《礼记·月令》提出孟秋之月"戮有罪，严断刑"、仲秋之月"申严百刑，斩杀必当"、季秋之月"乃趣狱刑，毋留有罪"，再到《春秋繁露》认为"庆为春，赏为夏，罚为秋，刑为冬"以至后世，秋冬行刑就成为古人非常看重的司法时令制度的总纲。

但故事至此并未完结。让我们拿出法律人的严谨再来问一个问题，可以奏决死刑的秋天从什么时候开始？必须停刑的春天又从哪天起算？事实上，历朝历代也总为该问题争论不休，具体规定同样多有变动。

从自然节律的角度来讲，古代中国人将一年分为四季，每季三个月，又将"孟""仲""季"同每个季节中的三个月相配，于是秋季有孟秋（农历七月）、仲秋（农历八月）、季秋（农历九月）三秋，冬季亦有孟冬（农历十月）、仲冬（农历十一月）、季冬（农历十二月）三冬。同时，古人又以二十四节气作为划分具体节令的主要依据，秋季起始于立秋，共包括立秋、处暑、白露、秋分、寒露、霜降六个节气，冬季则终结于立春前一日，共包括立冬、小雪、大雪、冬至、小寒、大寒六个节气。两种标准并不完全统一，而且，在历时半年的秋冬两季当中，也不是任何时间都能奏决死刑的。

早期的司法时令制度是以月份为标准，从《礼记·月令》来看，上古时期的死刑执行似乎仅限于三秋时节，而根据《后汉书·陈宠传》，汉初一改"秦为虐政，四时行刑"的景况，于"萧何草律"之际变为"季秋论囚"。王温舒的事例也说明汉武帝时期的死刑奏决期限是季秋与三冬，汉宣帝时同样声明"季秋后请谳"。

司法时令制度在东汉章帝时期发生了较大变化。首先，节气开始受到重视，并与月份配合使用。按照东汉前期的法律，

"十二月立春，不以报囚"。也就是说，十二月一般可以报囚，但倘若出现十二月立春的情形，则该月不可报囚。此外，能够对一般死刑案件进行调查审理的日期被设定为立秋。汉章帝在刚登基的建初元年（公元76年）就下诏曰"罪非殊死，须立秋案验"；元和二年（公元85年）春正月又下诏给三公，表示："方春生养，万物莩甲，宜助萌阳，以育时物。其令有司，罪非殊死，且勿案验，及吏人条书相告，不得听受，冀以息事宁人，敬奉天气。立秋如故。"

不过，最重要的改变发生在同年的秋七月，章帝下诏将三冬之月皆可"断狱报重"的汉家旧典删定成唯有冬初十月可以奏决死刑的新制度。根据《后汉书·章帝纪》，汉章帝在诏书中指出：

> 《月令》冬至之后，有顺阳助生之文，而无鞫狱断刑之政。朕咨访儒雅，稽之典籍，以为王者生杀，宜顺时气，其定律无以十一月、十二月报囚。

汉章帝在此处提及了一个非常重要的节气——冬至。让我们回到高中地理课，重温被太阳直射点运动轨迹支配的恐惧。每年的冬至日（阳历12月22日或前后，农历一般在十一月份），太阳直射南回归线，对于生活在北半球的中国人来说，这一天是白昼最短、黑夜最长的一天，此后，太阳直射点逐渐北移，白昼逐渐变长，黑夜逐渐变短，这不就是阳气开始回升的迹象吗？如果冬至过后仍然执行死刑，岂不是以刑杀的阴气去损害正在复苏的阳气？这大抵不合于天道吧。于是，经过多方讨论，汉章帝最终决定将冬至所在的十一月及后面的十二月都纳入停刑时段。该决议不但在当时的东汉朝堂造成巨大震动，而且对后世影响深远，此后各朝对行刑截止日期的设定，就在冬至和立春两个节气之间来回横跳。

北魏之时，大臣李彪上书孝文帝，提出七条政治改革意见，其中第四条指出当时"京都及四方断狱报重，常竟季冬"的不合理性，建议"远稽周典，近采汉制，天下断狱，起自初秋，尽于孟冬，不于三统之春，行斩绞之刑"，也就是采用汉章帝改革之后的汉制，以初秋（七月）到孟冬（十月）为断狱报重的时段。该建议得到了孝文帝的赞许，并在不久后予以施行。

但在北魏延昌四年（公元515年），尚书裴植被权臣于忠以谋反罪矫诏杀害的事件当中，诏书提到了"亦不须待秋分"，可见此时执行普通死刑的起始日为秋分。根据《月令七十二候集解》，"春分，二月中。分者半也，此当九十日之半，故谓之分，秋同义"。也就是说，秋分是秋天过了一半的意思。

我们再来复习一下地理课上的知识。每年的秋分日（阳历9月23日或前后，农历一般在八月份），太阳直射赤道，此日昼夜等长，此后太阳直射点逐渐南移，对于生活在北半球的中国人来说，这意味着白昼逐渐变短，黑夜逐渐变长，气候也越来越寒冷。别以为这是现代人才懂得的知识，董仲舒在《春秋繁露·阴阳出入》中就讲道："至于中秋之月，阳在正西，阴在正东，谓之秋分。秋分者，阴阳相半也，故昼夜均而寒暑平。"既然秋分才是由阴阳均等变得阴盛阳衰的转折点，那么至迟到北魏末期，死刑执行的起始时间由立秋变成了秋分，45天就这样被裁走了。

到了唐代，律令规定"从立春至秋分，不得奏决死刑"，违者要处以徒一年的刑罚。而且，唐代的行刑禁忌愈发精细化和复杂化，凡遇大祭祀及致斋、朔望、上下弦、二十四气、雨未晴、夜未明、断屠月日及假日，皆不得奏决死刑。宋代基本延续了唐代的规定，虽然北宋真宗时期，殿中侍御史赵湘曾上书建言恢复东汉章帝时期的做法，"望以十一月、十二月内，天下大辟未结正者，更令详覆；已结正者，未令决断"，但宋真宗在赞叹之余仍以"古今异制，沿革不同，行之虑有淹滞，或因缘为奸"的理由加以拒绝。

司法时令制虽借天道之名对帝王构成了一定的软约束，但倘若这位帝王就是不信邪，大家似乎也没有什么太好的办法，隋文帝就是这方面的典型。根据《隋书·刑法志》的记载，隋文帝经常在秋分之前就开始审阅地方诸州上报的死刑案件，而且，他有一次在盛怒之下，六月就要对某人执行棒杀的刑罚。虽经大理寺少卿赵绰力谏，隋文帝依旧将人杀了，而且还振振有词："六月虽曰生长，此时必有雷霆。天道既于炎阳之时震其威怒，我则天而行，有何不可！"这真是"以魔法打败魔法"，让人无话可讲。

隋文帝的事迹说明了秋冬行刑的司法时令制度会因皇帝个人意志而产生例外，但除此之外，秋冬行刑还有制度性例外。如前所述，在汉章帝的诏书中，"立秋案验"的前提条件是"罪非殊死"，也就是被判处弃市的一般死刑案件，对于那些情节恶劣、死刑执行方式是枭首及以上的"殊死"案件，则不受此规则限制。北魏大臣裴植亦因其罪名是谋反，不待秋分便被处决。唐代的死刑执行同样被分为"秋后处决"和"决不待时"两类。谋反、谋大逆、谋叛、恶逆，以及奴婢、部曲杀主等犯罪，都属于"决不待时"的类型，立春至秋分也可奏决死刑。总之，皇帝在惩处那些危害社稷、皇权或严重有违伦理的犯罪行为时，皆可于万物生长的季节展现其雷霆之怒。

但是，例外当中还有例外，纵然是决不待时的犯罪，执行死刑时也不能完全不挑日子。《唐律疏议·断狱》条云："其所犯虽不待时，若于断屠月及禁杀日而决者，各杖六十。"也就是说，断屠月和禁杀日不能执行任何死刑，决不待时的也不行。所谓断屠月，是指每年的正月、五月和九月，禁杀日是指每月的十直日，即初一、初八、十四、十五、十八、二十三、二十四、二十八、二十九、三十日这十天。

最后，我们以清律为例，展示一下司法时令制发展到后期的复杂程度。

　　暂不考虑凌迟等酷刑，清代的死刑分为立决和监候两种类型，再与斩、绞两种死刑执行方式相搭配，形成了斩立决、绞立决、斩监候、绞监候这四种具体的死刑名目。所谓立决，是指对那些社会危害性极大的犯罪分子决不待时。监候则针对那些虽构成死罪，但并非罪大恶极的犯罪人，对于他们可以先行羁押，待秋审之后再决定是否执行死刑。因此，秋审就成为清代监候人犯所享有的一种至关重要的制度性权利，它既是一种死刑复核程序，也是一种死刑分流程序。

　　清代的秋审是由明代会审秋后处决人犯的朝审发展而来的制度，由于万众瞩目的秋审大典于每年秋天（八月）举行，故有此名。不过需要注意的是，仪式感十足的秋审大典只是最终宣布秋审结果的日子，实质性的秋审工作耗时颇长。每年年初，秋审的准备工作就要在地方上开启，以确保各省督抚能在五月之前将本省审勘完毕的斩、绞监候案件清册呈报刑部。刑部则要先后经过司员出具看语、秋审处出具意见、堂官拟定结果等多道程序，若遇到意见不一致的情况，还要再经过司议与堂议两次核议。最后到了秋八月，九卿、詹事、科道官员等中央要员在天安门外金水桥西朝房共商案情，确定秋审结果。

　　秋审的结果可分为四大类：一为情实，即罪情属实、量刑恰当，核准执行死刑；二为缓决，即案情属实，但罪行较轻、危害性较小，先予以关押，等待下一年秋审，若三次秋审结果均为缓决则可减死从流；三曰可矜，即罪行属实，但情有可原，可以免除死刑、减等发落，这是秋审所能取得的最好结果；还有一种特殊情况叫作"留养承祀"，该制度起源于北魏时期，是指犯罪人虽然罪行属实，但他是家中唯一的成年男丁，而其祖父母、父母等直系尊亲属已是七十岁以上高龄，为避免处死犯罪人造成其家中老人无人奉养的惨况，在对犯罪人处以杖责和枷号之刑后便放他回家孝养老人。由此可见，除情实人犯外，其他人犯均可获得一线生机。而秋审情实人犯将在皇帝朱笔勾决之后，于霜降后、冬至前的这一个时间段内处决。由此，死刑复核程序与秋后处决程序直接关联起来，体现了"人命至重"理念之下制度的日益精密化。

而立决人犯无须经过秋审，亦不须秋后处决，但按照律例规定，每年的正月、六月必须停刑。各地立决重犯的执行日期如果恰好落在这两个月，需要先行关押，直到二月初及七月立秋之后方可正法。而且"其五月内交六月节及立秋在六月内者，亦停正法"；"若遇庆贺、祭祀、斋戒、封印之期，元宵、端午、中秋、重阳令节，每月初一、初二日，四月初八日，及素服日期，皆停刑，并不得决罚拷讯"。

上述引文常将人绕晕。什么是"五月内交六月节"？难道五月中还能包含六月不成？事实上，六月节在清代是小暑的别称，由于小暑通常在农历六月来临，因此而得名。于是我们就明白了，清代的停刑时段是兼顾月份和节气，最后再摘除特殊节日。六月因为要同小暑和立秋两个节气搭配而显得尤为复杂。总体来说，六月停刑是第一原则，该原则可以以节气的缘故扩展至五月或七月，但不会因节气而进行限缩。具体而言，若小暑出现在六月份，则于六月初一停止行刑；若小暑位于五月份，则于小暑当日开启停刑时段。若立秋出现在七月份，则于立秋次日恢复死刑执行；若立秋位于六月份，则于七月初开始行刑。又由于每个月的初一和初二都是停刑日，所以凡遇六月立秋之年，"具题正法"工作的准确启动日期是七月初三。

　　总而言之，这套基于司法时令学说的秋冬行刑规则有着深厚的人文和政治土壤，其间虽曾遭到柳宗元等人的批评，认为它既无效率，也无必要，但它依然在历朝历代的讨论、修正与补充中稳定延续了下来。我们就看在它能对皇帝和酷吏形成一丝软弱的制约，并且还能衍生出制度性的死刑复核程序来落实恤刑原则的份上，给予它同情的理解吧。

人鬼秩序：传统法的幽冥镜像

唐朝有一个名叫王简易的洪州司马，有一日突发急症，腹内长出一个肿瘤，随着他的呼吸上上下下地袭击脏腑。缠绵病榻月余之后的一天晚上，这个肿瘤压迫到了心脏，王简易当时就昏厥了，数刻后方在亲友的呼唤声中悠悠醒转。接着，王简易向亲友们讲述了这样一个神奇的故事："我梦见一名鬼使，手持符牒，自称奉城隍神之命，前来追索王简易。我身不由己，只得跟着那名鬼使走。大概走了十里的样子，我们来到了城隍庙，庙门前的守卫窃窃私语道：'听说此人在世之时广修善缘，按理来说不应该这个时候就死呀，不知他为何来此呢？'接着我们走进门，见到了城隍神，我向城隍神禀报自己未合身死之事，请求他放我回去。城隍神命令左右呈上簿书，翻检之后对我说，你确实还有五年阳寿，姑且放你回去。于是我才能与大家重聚。"

五年的时光转瞬即逝，王简易腹内的肿块再一次袭击心

（盛唐）观音经变（局部）　莫高窟第45窟北壁壁画

脏，将他折磨得昏死过去。好久之后他才苏醒，对妻子说：
"我刚才去到冥司，才知道自己原来是为小奴所告。"听他的语
气，似乎这一次已无转圜的余地。其妻问道："这个小奴是何
许人也？"王简易答道："是我曾经的一个僮仆。他还年少的时
候，就因我的管束惩戒而毙命。现在我腹中的这个肿瘤就是小
奴作祟。我还在冥司里遇见了前任吉州牧钟初，他戴着大铁
枷，穿着黄布衫，手足都被械具锁系着，冥司正对他非理杀人
的案件审问甚急。"妻子听了有些不信，追问道："小奴是何等
卑贱之人，如何敢状告您呢？"王简易答道："世间有贵贱之
别，冥司却对每个人都平等看待。"其妻又问："阴间何罪最
重？"王简易答："罪莫大于杀人。"说完这句话，他就彻底撒
手人寰。

这篇故事出自晚唐时期的小说集《报应录》，后被收入宋
代著名类书《太平广记》中的"报应门"。唐朝是中华法系的
成熟和完备时期，形成了以国家权力为依托、以儒家法律理念
为思想基础、以律令体系为基本表现形式的法律"大传统"。
与此同时，以民间信仰为依托、以人神交通的信仰规则和善恶
果报的宇宙规律为思想基础、以关乎生命礼俗的冥律为基本表
现形式的法律"小传统"，也在三教融合的历史背景之下日益
体系化。"小传统"以"怪力乱神"的传奇故事为载体，将人
世间的伦理秩序与公平观念投射进另一个世界。它使受众们相
信，个人的恶行无所逃于天地之间，律法与道德所保证的正义

最后终将实现。这种"幽则有鬼神，明则有刑宪"的格局，深刻塑造了庶民社会的法感情和法意识。

首先，"善有善报，恶有恶报"的报应观是此类故事的精神内核。正如杨联陞先生所指出的那样，"报"的观念是中国社会关系的基础，"中国人相信行动的交互性（爱与憎，赏与罚），在人与人之间，以至人与超自然之间，应当有一种确定的因果关系存在"。故而，报应故事形成了固定的叙事结构：某人在世间做恶，纵使人不察官不究，冥界也会以灾祸疾病或寿命缩减的形式予以反馈。这些反馈既可能落在本人身上，也可能根据"承负论"殃及后代。如果以上反馈在阳间未能充分展开，那么他死后还将面临来自地狱的更残酷的惩罚。

在部分故事中，报应的呈现无须受害人有任何作为，它更接近因果律的自然显化。例如唐人张鹭在《朝野佥载》中讲述的这个报应故事：

> 贞观中，濮阳范略妻任氏，略先幸一婢，任以刀截其耳鼻，略不能制。有顷，任有娠，诞一女无耳鼻。女年渐大，其婢仍在。女问，具说所由，女悲泣，以恨其母。母深有愧色，悔之无及。

但在更多的报应故事中，正如人间的不平事需要通过法律渠道来解决一般，冥冥之中的报应也须经由诉讼程序开启。在含冤于地下的受害人向冥司长官提出冥讼之后，鬼吏便会奉命来到阳间拘拿被告的魂灵去冥司受审，由此诞生了唐传奇中的一个著名母题——生人入冥记。作者借助死而复生的当事人之口，向大家讲述幽冥界中与现实世界完全镜像化的司法制度和官僚结构，以及更加普适化的正义原则，以此说明律法与道德的适用无间于生死，公序良俗与公平正义的实现是跨越阴阳两界的最高价值和根本规则，从而达到劝善惩恶的目的。

那么，这些有着神奇入冥经历的当事人，他们口中的冥司以谁人为主宰？有着怎样的体系架构？在这个问题上，佛教和道教既有对于地狱解释权的争夺，也在相互借鉴尤其是佛教本土化的过程中达成了不少共识。

在佛教叙事方面，唐临的《冥报记》中有这样一个故事：

武德年间，有一个叫作李山龙的官员暴病而亡，七日后复苏，自述自己被冥司所拘，来到一处官曹。那里的厅堂特别宏伟壮丽，庭院也非常宽敞广大。数千名或披枷锁，或戴杻械的囚犯，面向北，立于庭中。鬼吏将李山龙带至厅堂，只见一位大官高坐于堂上，左右侍卫仪仗威严。鬼吏告诉李山龙，此乃冥司之王。

该故事中的"王"，民间称阎罗王或阎王。佛教传入中国之后，地狱观念经过层累的叠加和拼装，于唐朝形成了后世熟知的十殿阎王统辖十八地狱之说。敦煌文献中的《佛说十王经》，便是该观念的具体呈现。

　　而本文开头的王简易故事，则反映了唐朝中后期进入官方视野的城隍神信仰。城隍神是我国古代城市的守护神。有观点认为其源于对城墙、沟渠的自然神崇拜，但有史可考的最早盛行于吴越一带的城隍神，实则是民间为免于灾祸而祭祀的厉鬼。到了唐代，伴随着官方开展的禁毁淫祠与确立正神运动，城隍神从死后为祟的人鬼变成生前忠义贤良、死后护佑一方的人神，具备了官方性和道德性。自此之后，城隍神与州县官形成了阴阳对称的官僚权力体系，冥界不过是阳间统治关系的镜像，为恶得祸成为违法受罚在更广泛空间内的通俗表达。

　　无论是十王地狱观还是城隍信仰，在冥司的官僚体系当中，职位最重要的官员都是判官。他掌管着冥司的审判工作，并总理冥司庶务。唐代最为著名的判官是崔珏，并由此衍生出了延续至今的崔府君信仰。

　　判官的任命则更为有趣，所谓"人之正直，死为冥官"，在中国的信仰体系当中，冥司根据品行端正、业务通达两项标准，或选择亡者执掌冥司裁判，或请生人前来"兼职"。

　　同样是在唐临的《冥报记》中，记载了一个名为柳智感的官员权判冥事的故事。开始还是老套路，柳智感本是贞观年间的一名县令，有一天晚上突然死亡，第二天复活的时候告诉亲友，他跟着冥界的使者来到了一座很大的官府，见到了王。王对他说："现在我有一个官位空缺，故而邀请您来任职。"柳智感则以父母年迈且自己多修福德为由请求还阳。王命令下属去勘验，发现果然如此，于是对他说："您确实不应该死，但判官这个职务，还是请您暂且担当吧。"柳智感自然满口答应。于是，鬼吏将柳智感引至办公官曹。柳智感发现，原来冥司与人间的官府一般，共设有六曹，每曹的桌案上都放着繁杂的案卷。柳智感接过鬼吏递上来的文簿，发现这些文案同人间亦无两样，于是轻车熟路地勾判起来。日暮时分，鬼吏送柳智感回家，柳智感便复活了。

从此之后，每当黄昏降临，鬼吏就来接柳智感"上班"，但他到了冥司发现是清晨，才知道幽冥与人间的昼夜恰好相反。于是他每天晚上去冥司工作，第二天早上又去县衙上班，并习以为常。就这样过了三年，有一天鬼吏来告诉柳智感："我们已经任命了刚刚去世的隆州李司户为正式判官，您以后就不用来兼职啦。"柳智感这才卸下了这份夜里的工作。

"生人判冥事"的故事彻底打破了人世间与幽冥界的区隔，法律与信仰借助彼此的力量得到了双向加强。李剑国先生在《唐五代志怪传奇叙录》一书中指出："唐人乃出生人应召入冥判鬼之想，遂使幽明沟通又增一途，归指亦为明报应也。"这种故事架构同样对后世的小说书写影响深远，《包公案》中包拯阴阳两判、《西游记》中魏徵梦斩泾河龙王都是家喻户晓的情节。

判官在审理案件时要依照冥律，正如人间官员须依法裁判一样。在中国的信仰体系当中，冥律不仅是现实律法的镜像，

（南宋）父母恩重经变相（局部） 大足宝顶山石刻，作者摄

亦是现实律法的补充。为体现伦理道德的普遍适用性，冥报小说中有不少故事涉及孝道，例如《冥报记》中的张法义，曾因父亲支使他去割稻，他很不乐意，回过头瞪着眼睛私骂父亲而被冥司以不孝罪判处杖八十的刑罚。南宋时期大足宝顶山石刻中的父母恩重经变相龛，则直接镌刻了"诸骂祖父母、父母者，绞；殴者，斩"的法律条文，其与不孝之人堕阿鼻地狱受尽苦楚的图景相映衬，将不孝罪"生遭王法，死入阿鼻"的道理以最鲜明的形象呈现在观者眼前。

此外，正如开篇王简易的故事所揭示的那样，冥律以杀人为头等大罪，而且大量报应小说都涉及主人非理殴杀僮仆，或者妻子因妒虐杀婢妾的案情。在人世间的等级结构当中，法律虽不是对上述案件的行为人持完全纵容的态度，但主人和主母的刑责皆会因其身份特权而降至极轻。更要命的是，奴告主在诉讼程序上是不被允许的，故而可以想见，在高门大户的深宅内院当中，隐藏着多少不为人知的血案。但是，鬼神无所不知的洞察力和幽冥界朴素的平等观弥补了人间法律的无能为力之处，含冤于地下的魂灵可以无所顾忌地向冥司之主提出冥讼，并在冥司的支持下对加害人展开报复行动，使其遭受同等的痛苦，以至死亡。这给挣扎在社会底层的民众带来了一丝微弱的期望，也给社会上层人士带来了一丝微弱的制约。

在判官依据冥律做出裁决之后，生前为恶之人便要到狱中接受惩罚。前文所提到的李山龙，他看到的冥司监狱是一座甚

（南宋）地狱变相（局部）　大足宝顶山石刻，作者摄

为广大的铁围城，铁城上有屋顶，旁开多个或如小盆，或如碗口的小窗。那些窗户如有引力一般，只见男男女女从地面直接起飞，投入窗中不见了踪影。鬼吏向李山龙解释道："这个铁城就是大狱，狱中被分隔成许多小监区，每个监区的罪与罚都不一样。每个人根据他们的业力，进入不同的监区受罚。"而地狱最令人生畏的，无疑是种种无尽的酷刑，这也是地狱变相图最喜欢表现的主题。刀山火海、镬汤油锅、拔舌挖眼、斧锯舂臼、铁床炮烙……诸种在现世受限的酷刑在冥界得到了肆无忌惮的运用，力图将威慑恐怖效力发挥到最大。

不过，地狱诸苦也不是毫无解脱之法。李山龙因在参观冥司监狱时口称佛号，使狱中两名身受镬汤之刑的罪人获得了一天的休息时间。在敦煌观音经变壁画当中，则将此种救赎法门由幽冥界拓展至人世间，即《妙法莲华经·观世音菩萨普门品》所云："设复有人，若有罪，若无罪，杻械、枷锁检系其身，称观世音菩萨名者，皆悉断坏，即得解脱。"唐代中期之后，能解救地狱众生的地藏菩萨开始凌驾于十王之上，成为新的幽冥教主。在地狱当中增添救赎元素固然是为了吸引信徒，但同时也是现世恤刑思想与恩赦制度投映于另一个世界的镜像。

总之，在中国古代法律中，如果说"王法"是"大传统"的代名词，"鬼神"就是"小传统"的代称。就像《太上感应篇注讲证案汇编》序言中所说的那样：

世道不古，人心浇漓。礼教不能劝化，刑罚不能禁止。惟感应二字，可以动其从善去恶之良心。人即不畏王法，未有不畏鬼神者。王法或可以势力机巧而脱，鬼神定不以富贵幽隐而遗也。

二者相辅相成，"鬼神"既是"王法"的镜像，又在古代社会中发挥着"王法所不及"的重要作用。

中　编

礼制与经典

公主与帝姬：称谓背后的礼法规则

公主，史书中通常简称"主"，在帝制时代是皇帝之女的称谓。然而大概甚少有人想过，为何皇帝的女儿会被称为公主。毕竟，这个称谓似乎不像皇帝、王子一样，有一目了然的意义指涉。

为了回答这个问题，让我们把目光回溯至西周——中国许许多多称谓建制和礼仪典章的起始时代。彼时实行分封制度，也就是"封建"一词的原初含义——封邦建国。周王作为天下共主，被认为是上天的儿子，因此也被称作周天子。在周王之下，则是依照与周王的亲疏关系而册封的五个等级的诸侯——公、侯、伯、子、男，诸侯之下又有卿大夫。士人以上的贵族，其言行举止皆依照其身份地位而受到不同规范的约束，这就是礼。

就拿婚礼来说，诸侯嫁女，如果对方的身份也是诸侯，那么就由诸侯亲自为女儿主婚，即"诸侯嫁女于诸侯，则公自主

（清）温庄长公主墓志并盖　辽宁省博物馆藏，赵进华摄

之"。但如果诸侯嫁女于大夫，那么诸侯就不能亲自主婚，只能邀请与自己同姓的大夫代为主婚。原因在于，诸侯与大夫存在身份贵贱之差，如果二人相见时，按照亲家的身份相互行平礼，则有违君臣之义；若行君臣之礼，又有违婚姻之好。解决这一矛盾的办法就是请有血缘关系的同姓大夫代替做父亲的诸侯来主婚。

周王嫁女也是同理。"天子嫁女于诸侯，使同姓诸侯主之，不亲昏，尊卑不敌。"由于"溥天之下，莫非王土；率土之滨，莫非王臣"，作为普天之下独一无二的最高统治者，周天子不可能找到"门当户对"的联姻对象，这也注定了周王之女的出嫁为"下降"。为了避免身份的冲突，周天子根本没有机会亲自为女儿主婚，只能将这一任务移交给与自己同姓的诸侯。比如，齐国国君齐襄公、齐桓公都曾迎娶周王之女为夫人，主婚的则是与周王同为姬姓的鲁国国君。

总而言之，当婚姻双方出现女高男低的不对等状况时，女方的父亲为了避免以势压人的嫌疑而选择回避，由与男方地位相等的同宗亲属代行父亲的主婚职权：

> 《春秋传》曰："天子嫁女于诸侯，必使诸侯同姓者主之；诸侯嫁女于大夫，使大夫同姓者主之。"以其同宗共祖，可以主亲也，故使摄父事。（［汉］班固：《白虎通德论》）

至此，"公主"一词的内涵也呼之欲出："周制，王姬下嫁于诸侯，以同姓诸侯主之。公者，诸侯之尊称，故谓之公主。"我们由此得知，"公主"原本是一个动词，即诸侯（皆可尊称为"公"）主婚之义，转化为名词，就是只能由诸侯（公）来主婚、不能由父亲主婚的女孩子。

显然，根据词源，"公主"最初是周天子的女儿才能享有的称号，然而到了周代后期，礼崩乐坏，原本身处"蛮荒"之地、为中原诸国所鄙视的楚国率先称王，其他诸侯国也纷纷效仿，公主的称谓在诸侯国中泛化，后来又在帝制时代继续沿用，作为皇帝之女的专属称号。

除了"公主"之外，架空历史小说和仙侠剧最热衷使用的另一标识女子高贵身份的称谓便是"帝姬"了。例如被视为宫斗剧经典的《甄嬛传》，原著其实是一部架空小说，其中温宜、胧月等皇女皆被称为帝姬。热门仙侠剧《三生三世十里桃花》的两位女主——白浅和凤九都是青丘帝姬。

我们不禁要问，出镜率如此之高的"帝姬"一词又是什么来历？

对这个问题的回答，依然得回溯到周朝这个被后世万分推崇的礼乐之邦。根据中国传统礼节，一个人的名，尤其是贵族之名不可轻易告知他人，除了亲近的长辈外，他人亦不可随意直呼其名，故有"名讳"之称。史书在提到先秦的王公贵族、诸侯国君时，大都以其谥号称之，这也符合史书盖棺论定的宗旨，比如我们熟悉的周幽王、齐桓公、晋文公皆属此类。贵族女性的名讳尤不可为外人所知，其闺名只在谈婚论嫁之时才在"六礼"之一的"问名"礼中郑重其事地告诉夫家。所以史书在记载先秦时期的贵女时，基本都采用"谥号+姓"的称呼方式。如果该女子还是某诸侯国君的嫡夫人，那么只要她没做出什么淫乱祸国的出格之举，其谥号肯定与自己的丈夫相一致。所以，晋文公的夫人称文嬴（秦国国君之女，嬴姓），卫庄公的夫人称庄姜（齐国国君之女，姜姓），宋共公的夫人称共姬

（鲁国国君之女，姬姓）。嫁给卿大夫的诸侯之女也是一样，例如，赵庄子（赵朔）之妻称庄姬（晋国国君之女，姬姓）。

正妻与丈夫共享同一谥号，既有"夫妻齐体"之义，也是"三从"原则的具体体现方式之一。所谓"在家从父，出嫁从夫，夫死从子"，很多人只将它看作对传统女性的服从性要求，但从礼法的实际操作层面来说，它还体现为女性的身份认定标准。一名出嫁的女子，其第一身份为夫之妻，而非父之女。中国中古时代的诸多礼法变革，都是以该原则为主要立论依据。

只有周天子的女儿有些例外。由于出身最为尊贵的王室，因此即便在她下嫁给诸侯国君之后，其称谓的首字依然可以不必追随自己的丈夫，而保留着来自父家的至高荣耀的"王"。也就是西晋大儒杜预所说的："王姬不称字，以王为尊。"又由于周王为姬姓，所以周王的女儿一律被称为王姬。事实上，提及周王的女儿，"王姬"的称谓比"公主"更加普及。

进入帝制时代，虽然皇帝的女儿采用了"公主"这一名号，但"王姬"的说法并没有退出历史舞台，朝臣们有时仍将它作为公主的同义词来使用。比如北魏前期，权臣乙浑为其夫人求取公主名号，却遭到大臣贾秀的拒绝："公主之称，王姬之号，尊宠之极，非庶族所宜。"北魏后期，在中国法制史上的著名案件兰陵公主被驸马殴打流产一案中，尚书省官员讨论案情时也提到："虽王姬下降，贵殊常妻，然人妇之孕，不得非子。"

从"王姬"到"帝姬"的转变发生在政和三年（公元1113年）。政和是宋徽宗赵佶的年号，此时，这位"诸事皆能，独不能为君"的文艺青年正沉醉在宰相蔡京为其编织的"丰亨豫大"的迷梦当中，以天下丰饶富裕为由，一改北宋沿袭数代的克制守成之风，对内奢靡无度，对外大兴边事，而童贯起初在西北战场上取得的胜利更加剧了宋徽宗内心的膨胀，认为可以一举消灭西夏和辽，成就不世之功。于是，自以为能够比肩上古圣王的宋徽宗开始以西周为模板制礼作乐，大肆改易名号，并禁止民间使用包括"主"在内的一系列高大上的字眼。蔡京正好借此良机，提出了改变公主之称的动议。原来，在熙丰变法之时，新党便认为公主之称有违义理，希望对其予以更改，但最终未能实现。向来以王安石继承人自居的蔡京此时又申前议，并获得了宋徽宗的支持。但是，改成什么好呢？大家的眼光齐刷刷地望向了"王姬"。

有人建议，不妨按照"王姬"这一称谓的命名逻辑，将宋朝的公主改称"帝赵"吧。但马上有人表示反对，认为上古时期的姓与氏存在区别，赵氏出于嬴姓，应当改称"帝嬴"才对。但宋徽宗觉得这一称谓有些不合时宜，于是他想了想说："姬虽周姓，后世亦以为妇人之美称，盖不独为姓也，在我而已。"并正式降下诏书，改公主为帝姬、郡主为宗姬、县主为族姬。在宋徽宗的诸位帝姬中，最有名的就是那位真真假假道不明的柔福帝姬了。

但"帝姬"这个名号在中国历史上只存在了十四年。1127年，发生了中华文明史上最为惨痛的靖康之变，宋徽宗、宋钦宗与大量后妃、帝姬、宗室被俘，康王赵构承袭皇位，改元建炎。建炎元年六月，劫后余生的大臣们对"帝姬"一词发起攻击，理由有二：第一，姬为周王之姓，并非本朝之姓；第二，若说"姬"为对女性的美称，则尤为不可。须知从汉朝开始，"姬"就是对帝王低阶妃妾的称谓，后来又成为对歌舞乐伎的称谓，故有"姬妾"一词，哪里是至尊之女该有的名号？但在这两个冠冕堂皇的理由背后，其实还有两个说不出口的原因：首先，宋徽宗去除了"主"字，民间暗搓搓地流传着"天下无主"的说法；其次，"姬者，饥也"，莫非是用度不足的谶言？于是，帝女的名号又被改回了公主。

虽然在历史上，"帝姬"的名号如一场不光彩的闹剧一般草草落幕，不过现在又在仙侠剧与架空小说中兴盛起来，大抵源于影视作品中"公主"的泛滥容易引起审美疲劳，换用同义的"帝姬"更能使人产生耳目一新的感觉吧。

继承顺位：宗法制下的嫡庶难题

在古装剧中，总少不了"宅斗"与"宫斗"题材，而嫡庶之分，则被视为导致这些钩心斗角的家庭结构性矛盾。因此，我们需要从西周这一礼制的成熟完备阶段开始，探究到底何谓嫡庶之制。

在此之前，我们最先需要解决的问题是：古人是闲得没事干，才对同父所生的亲兄弟进行区分，好引起他们之间的矛盾吗？如果不是的话，区分嫡庶到底为了什么？

为了回答这个问题，我们需要从西周的宗法制谈起。宗者，尊也，弟敬兄之义，即在以同一先祖为源头、依照男性世系繁衍而成的宗族团体的同辈兄弟之中区分宗子与宗人，形成统率与服从关系，以便更好地进行宗族内部的事务管理和秩序建构。

依照《礼记·大传》的说法，宗法制下的宗族团体可分为大宗和小宗两个谱系：

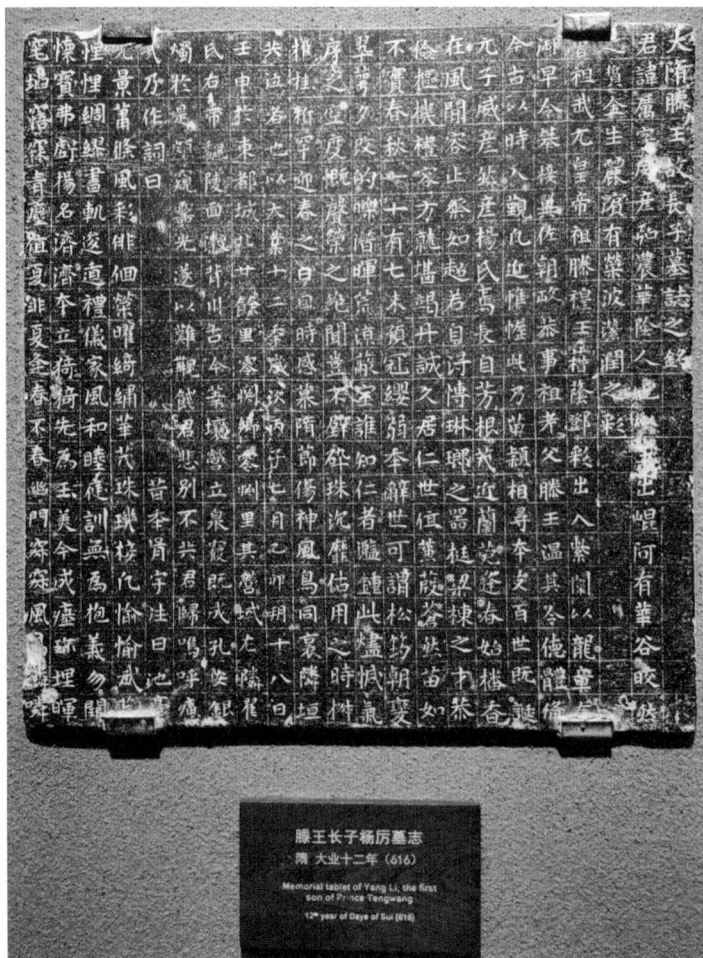

（隋）滕王长子杨厉墓志　辽宁省博物馆藏，赵进华摄

> 别子为祖，继别为宗，继祢者为小宗。有百世不迁之
> 宗，有五世则迁之宗。百世不迁者，别子之后也。宗其继
> 别子之所自出者，百世不迁者也。宗其继高祖者，五世则
> 迁者也。

"百世不迁之宗"即为大宗。它是以本宗先祖为开端，以先祖的后子以及后子的后子代代相袭而形成的大宗子单线条传承体系。在理想状态下，这条直线可以延伸至百世、千世，乃至万世，所以叫作"百世不迁之宗"。

"五世则迁之宗"则为小宗。它是以自己为基座，向上数四代至高祖，然后分别梳理出继高祖、继曾祖、继祖、继祢四个小宗支系的正统继承人，也就是自己所需尊奉的小宗子。由于小宗最远只溯及高祖，所以到自己的下一代时，随着高祖发生变化，小宗支系也会产生变更，这就是"五世则迁"以及"祖迁于上，宗易于下"的道理。

无论是大宗子还是小宗子，理解它们的关键都在于一个"后"字。后子亦称嗣子，大约可以翻译成现代汉语中的"继承人"。但在传统语境中，"继承人"的含义要丰富得多，它意味着"正宗"的血脉传承、香火延续、家族荣耀与身份地位的接力。所以"后子"一词非常具有仪式感，它的祭祀意义与身份意义远大于财产意义。

而且，在所继之人为王侯公卿时，后子不仅能继承该支系

别子为祖

继别为宗　　庶子

继别为宗　　宗子（继祢者）　　庶子

继别为宗　　宗子（继祢继祖者）　　宗子（继祢者）　　庶子

继别为宗　　宗子（继祢上继曾祖者）　　宗子（继祢上继祖者）　　宗子（继祢者）　　庶子

继别为宗　　宗子（继祢上继高祖者）　　宗子（继祢上继曾祖者）　　宗子（继祢上继祖者）　　宗子（继祢者）　　庶子

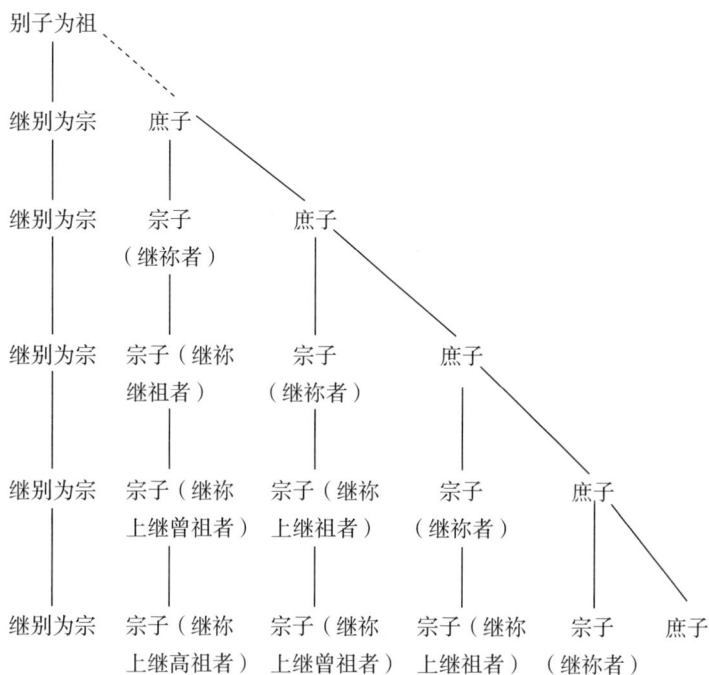

大宗与四小宗图

的祭主之位，还因承袭父爵成为领地的新一任领主。其余未能成为宗子的儿子们则从宗子那里受封一片采邑，成为宗子的臣属。由此，宗子与宗人的宗族关系转化成了政治上的主臣关系，宗法制与分封制达成统合，形成了最为彻底的家国一体的政治统治秩序。

　　既然宗子如此重要，每个人又只能从自己的诸多儿子中挑选一位作为宗子（若无亲生子，则过继兄弟的儿子为后），那么当一名贵族妻妾成群、子孙满堂时，他该如何从众多儿孙中间挑出那个唯一的宗子？

想必大家早已知晓正确答案，挑选宗子的原则即为嫡长子继承制。嫡长子继承制又称立子立嫡之制，它是依照诸子的出生先后和生母身份，形成通往宗子道路上的次位排序。由此我们可以澄清两个问题：

第一，嫡长子继承制只是手段，成为宗子才是目的。故而从宗法的终极视角来说，只有那个能够承袭父亲身份的独一无二的正统继承人才是嫡子，其余的儿子不管生母是谁，都会成为上页图所标示的庶子。

第二，生母的身份决定的是儿子们成为宗子的顺位而非资格。嫡长子继承制的含义是说嫡长子是通往宗子道路上的第一顺位，并不是说只有嫡长子才能成为父亲的正统继承人。倘若正妻无子，庶长子就可以依照顺位名正言顺地成为宗子和嫡支，并不需要电视剧中"过给正妻""记到正妻名下"等毫无礼法依据的多余操作。

那么具体而言，在传统中国，儿子们的身份继承顺位究竟是怎样的呢？这问题可就复杂了，连古人都存在相互冲突的观点。典籍中明确提到的立嗣原则有以下三条：

大（太）子死，有母弟则立之，无则立长，年钧择

贤，义钧则卜，古之道也。——《左传》

立嫡以长不以贤，立子以贵不以长。——《公羊传》

父死，立嫡子；嫡子死，立嫡孙。——《五礼通考》

总结起来分以下几种情况：

第一，如果嫡妻有子，则在嫡出之子当中取其年龄最长者。至于该子是否贤能，或者是否有比嫡长子年岁更大的庶子存在，则一概不论。只有在嫡长子有废疾的情况下，才可以舍之而取其他。这一点几乎毫无疑义。

第二，嫡长子去世且没有留下嫡孙，正妻还有其他儿子，那么就从剩下的嫡出之子中再取一位年纪最长的。这一点也没什么问题。

第三，嫡长子虽然去世，但遗有嫡孙，且嫡妻还有其他儿子的情况下，立嫡孙还是立其他嫡出之子就成为主要矛盾。

按照《公羊传》的说法："嫡子有孙而死，质家亲亲，先立弟；文家尊尊，先立孙。"这里的"质家"和"文家"，一般被认为是不同时期的"礼"的特点。比如殷商偏重"质"，周代偏重"文"，春秋又变周之文，从殷之质。但从根本上来说，"质"与"文"是不同时期以及不同学说对于"礼"的不同侧重。质家亲亲，最为重视的是"质朴"的血缘亲情，因此以儿子为先；文家尊尊，最为重视的是上一代与下一代的传承，因此以孙子为先。毕竟在"文家"看来，只有嫡长子才属于本宗正统，其他嫡出之子虽然比起庶出之子要"正"一些，但毕竟仍属旁支，如果嫡长子遗有嫡孙，说明正宗有后，是以不可绝正统而厚旁支。

如果说周代属于"文家"，按照后世王朝纷纷向周礼看齐的态度，"嫡子死，立嫡孙"才是正统，只要嫡长子有儿子，其他嫡出之子都得靠边站。而且依照《仪礼》，如果嫡孙承嗣，那么在祖父去世的时候，嫡孙需要按照儿子的礼节服三年之丧，这在礼学上被称为"承重孙"。

但是立嫡孙的"文家"规则在现实中执行得并不顺利。究其原因，除了中国人对儿子的重视，大概还有继承人不宜过于年幼等现实层面的考虑。于是，南朝梁武帝长子昭明太子去世后，依礼应立昭明太子之嫡长子为皇太孙，但梁武帝思虑再三，还是选择册立昭明太子的同母弟为皇太子。此事虽在朝野引起不小的争议，但结果无可更改。

唐代律令中的立嗣规则是"嫡妻之长子为嫡子"，其后的顺位依次为：

> 无嫡子及有罪疾，立嫡孙；无嫡孙，以次立嫡子同母弟；无母弟，立庶子；无庶子，立嫡孙同母弟；无母弟，立庶孙。曾、玄以下准此。（《唐律疏议·户婚》）

此条更近似于折中或者混搭。它虽然将嫡孙列为第二顺位来昭示对周礼的尊重，但正如条文中的"嫡子"仅指嫡长子，"嫡孙"更是被最狭义地定义为嫡长子的嫡长子。而嫡长子的其他儿子，哪怕亦是嫡出（嫡孙同母弟），其顺位甚至都落到了他的庶出叔叔之后。

王安石变法时进一步规定，如果有爵可传，方采用"嫡子死，立嫡孙"之制，如果是没有爵位的一般士大夫或庶民，在嫡长子去世之后按照人之常情由其他儿子依次承嗣就好，没必要由嫡孙承重。

在《红楼梦》当中，贾政的嫡长子贾珠去世之后，次子宝玉成了贾府公认的"凤凰"，而贾珠之子贾兰完全是个小透明。赵姨娘也认为只要害死了宝玉，自己的儿子贾环就会成为继承人，完全没把贾兰这号人物考虑在内，似乎说明儿子（哪怕是庶出之子）的继承权优先于孙子已成社会普遍观念。

第四，如果嫡长子去世，无嫡孙又无其他嫡出之子，或者嫡妻无出，则不得不考虑庶出之子。这时，主张"立长"的《左传》就同主张"立贵"的《公羊传》发生了冲突。

按照《左传》的说法，"立姜子之长，则无间于贵贱"，即不管生母是哪一位姜室，只需从一众庶出之子中拎出那个年龄最大的即可。如果有两人年纪相当，则选择更加贤能的那位；如果两个人各有长处，难以取舍，就在宗庙里卜一卦，听听祖先的意思。

如此简单明了方便易行，强迫症患者表示满意。唯一的问题是，"年钧"是什么情形？鉴于有学者认为，过生日的习俗应该是魏晋南北朝时期随着佛教的传入才逐渐在中国流行起来的，那么此处所谓的年纪相当，更可能是按照中国传统的年甲计岁法，同年出生而已。不过，即便出现同日所生的双胞胎的情况，也完全可以用该条解决，所以网络传言由于无法从双胞胎中选择继承人，在双胞胎出生时必须弄死一个的说法并不能成立。

而关于"立贵"，何休在对《公羊传》所作的注疏中讲道："礼，適（嫡）夫人无子，立右媵；右媵无子，立左媵；左媵无子，立嫡侄[1]娣；嫡侄娣无子，立右媵侄娣；右媵侄娣无子，立左媵侄娣。"

念起来有点像绕口令。要解释这个问题，须从西周的婚姻制度谈起。据《左传·成公八年》记载："凡诸侯嫁女，同姓媵之，异姓则否。"也就是说，诸侯从另一诸侯国迎娶夫人，与女方同姓的其他诸侯需要派出两名姑娘"媵之"，而这三位姑娘又各有两名侄娣"从之"。如此一来，诸侯结一次婚，就可以得到九位贵族姑娘，即"一娶九女"。这九名同姓的姑娘即使来自不同族支，但归根到底也算姐妹宗亲。这样远在异国他乡也好相互扶持，只要其中任何一人生下儿子，都是姐妹团

---

1. 侄，今作"侄"。许慎《说文解字》："侄，兄之女也。从女，至声。""侄"或为后世之俗写。本书在与"娣"并称时，皆作"侄"。

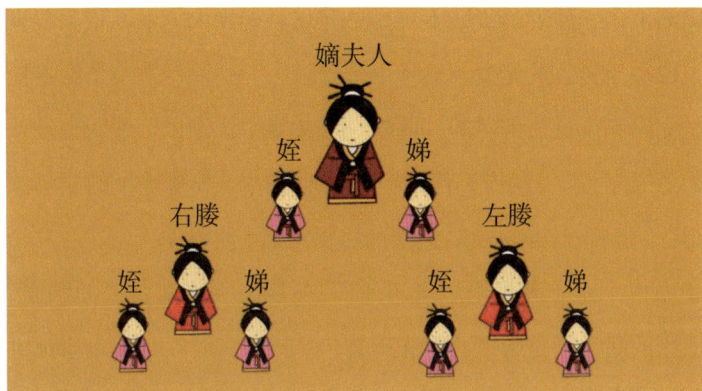

一娶九女示意图　孙博文绘

所有成员的共同依靠。但是她们之间依然存在身份位阶排序，即：嫡夫人 > 右媵 > 左媵 > 嫡夫人的姪娣陪嫁团 > 右媵的姪娣陪嫁团 > 左媵的姪娣陪嫁团。

而且，一个姪娣陪嫁团内部也得有个高低贵贱之分才是。对此，《公羊传》的说法是："质家亲亲，先立娣；文家尊尊，先立姪。"没错，"质家"和"文家"又出现了。质家亲亲，以关系同自己最为亲近的妹妹为先；文家尊尊，以小自己一辈的侄女为先。

如此看来，"立贵"比"立长"复杂得多，它要求在媵妾当中做出严格的身份位阶排序，然后以生母的身份作为选择宗子的第一标准，长幼的标准只适用于同母的兄弟之间。但是这样不仅麻烦，还有个潜在风险：由于先秦的姪娣陪嫁制在后世逐渐消失，媵妾的贵贱不再是一开始就确定的，而在很大程度上取决于男方的宠爱，这种由"爱继"而引发的上位争宠恰恰是立嗣制度最为反对的。此外，在媵妾中详细区分贵贱也被认为意义不大。《左传》就旗帜鲜明地反对《公羊传》的立贵原则："非嫡嗣，何必娣之子？"后世亦有礼学家发出质疑："均妾庶也，而立其母之贵者可乎？"所以，无论从发展的眼光、实用的眼光还是学理的眼光来看，认同"立长"的礼学家都更多一些。

不过需要注意的是，嫡长子继承制仅限于身份继承，这种宗人服务于宗子的身份制度在本质上是严格分封制下的产物。随着后世分封制的解体与大一统帝制统治之下一君万民的新秩序的建立，中国形成了与此种新政治结构相匹配的财产继承制度——诸子均分制，在小宗谱系内部的亲属网络中辨别不同亲属之间的亲疏、尊卑与长幼关系才是帝制时代家族秩序的核心。除皇室之外，嫡子的意义基本被局限于家族祭祀方面，历代律典仅有"立嫡违法"这一则条文与嫡庶相关。从这个角度来讲，当下的古装剧如此执着于嫡庶，实则是对中国帝制社会的理解有所偏颇。

三年之丧：五服与法律的不解之缘

在宫斗大戏《甄嬛传》的续作《如懿传》开篇，皇四子弘历登基为帝，但侧福晋乌拉那拉·青樱（后改名为如懿）却因受其宫斗失败的姑母牵连，被已成皇太后的甄嬛禁止入宫，而且后者给出了看似冠冕堂皇的理由："景仁宫是你的至亲，按礼，你要为她守孝三年才是。这样吧，你不必去你姑母陵前，就在潜邸待着，无旨不得出阁院，好好地为你姑母守孝三年。"

然而，"礼"如果会说话，此时定会立马跳出来，来一个否认三连：

我不是！

我没有！

别胡说！

古代中国人最看重的礼，从社会学的角度来讲，是与人们的社会地位、身份相一致的一整套权利、义务规范及行为模式。简而言之，就是一个人扮演什么样的社会角色，就要遵守

（唐/宋）孝子孝女图　新化维山古墓壁画（局部），岳麓书院藏，作者摄

社会为该角色所设定的行为标准和伦理守则。例如，当一个人在扮演儿子的角色时，他就被要求像个儿子的样子；当他在扮演父亲的角色时，又被要求像个父亲的样子。具体来说，礼又可分为礼仪和礼义两大部分，礼仪乃行为模式，礼义为意义体系。当某人被要求不断重复与其社会地位及身份角色相一致的既定行为模式时，实则是在反复强化其对于行为模式背后的意义体系的认同。比如，孟子认为年轻人与老年人同行时，要让老人走在前面，这一行为模式背后所蕴含的意义体系则为敬老与孝悌。

在儒家的十三部经典当中，《仪礼》《礼记》《周礼》被统称为"三礼"。《仪礼》主要涉及礼仪部分。成年时的冠礼、成亲时的昏（婚）礼、乡邻聚会时的乡饮酒礼、去世时的丧礼等一系列涵盖人生关键节点的仪节皆囊括在内。因此，如果想了解古代中国人有关守孝的规矩，就应当去翻阅《仪礼》。《礼记》主要涉及礼义部分。《礼记·丧服小记》有云："亲亲，尊尊，长长，男女之有别，人道之大者也。"此即为中国传统社会运行的基本伦理准则。《周礼》则关乎国家礼制和国家建制。总之，三礼各有分工又相辅相成，共同构建起一个礼治理想国。

礼仪与礼义的各项具体内容深深根植于中国传统的宗族体系当中。在上一节中我们提到，以同一先祖为源头的男性后裔可以在区分嫡庶的基础上形成"大宗能率小宗，小宗能率群弟"的宗法格局。宗法制侧重于描绘宗族当中的管理结构，它与分封制相结合，完成了宗族关系向政治关系的转化。然而，帝制社会的建立破坏了"由宗法而封建"这一权力结构的根基，此后，除皇室之外，宗法的重要性被大大削弱，与帝制社会相适应的礼制秩序主要构筑在小宗谱系内部的亲属网络当中。

当我们以己身为出发点、以四个小宗支系作为亲系脉络、以五世作为亲属关系的界限时，以"尊尊"为核心的宗法图就可以演变成为以"亲亲"为核心的宗族图。

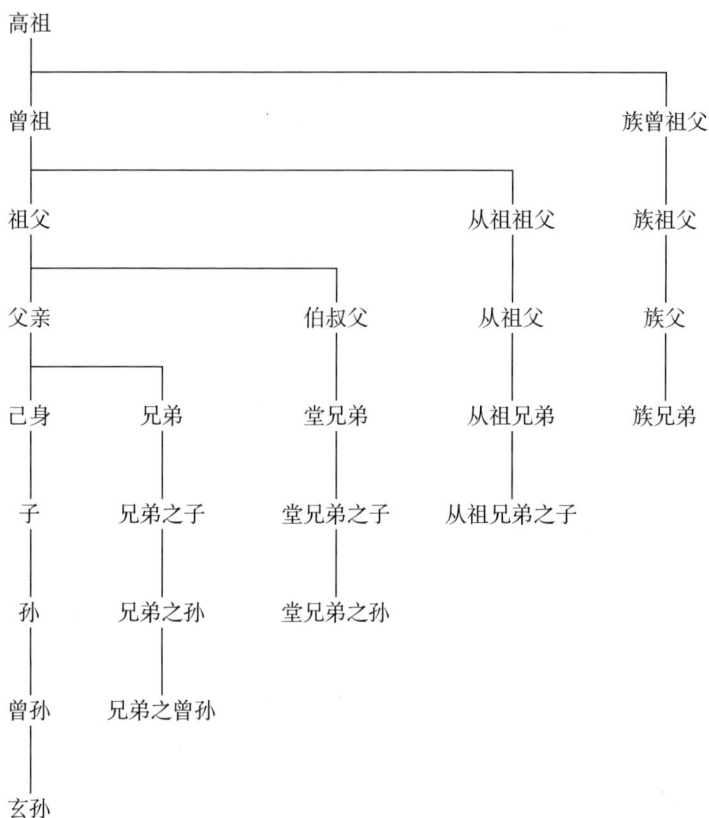

```
高祖
│
曾祖─────────────────────────────族曾祖父
│                                    │
祖父──────────────从祖祖父      族祖父
│                    │            │
父亲────伯叔父      从祖父        族父
│         │          │            │
己身──兄弟  堂兄弟      从祖兄弟    族兄弟
│     │      │           │
子   兄弟之子 堂兄弟之子  从祖兄弟之子
│     │      │
孙   兄弟之孙 堂兄弟之孙
│     │
曾孙  兄弟之曾孙
│
玄孙
```

本宗宗族图

　　宗族图所划定的亲属范围是中国传统时代宗族制度的基础。对该宗族范围的描述，《礼记·丧服小记》有云："亲亲以三为五，以五为九，上杀，下杀，旁杀，而亲毕。"也就是说，亲属网络是以自己为核心，上及父亲，下及儿子，此为"三"；再扩展到父亲的父亲（祖父）、儿子的儿子（孙子），即"以三为五"；最后扩展到祖父的祖父（高祖），孙子的孙子（玄孙），即"以五为九"，从而完成上杀和下杀两条分界线。旁杀则在继高祖、继曾祖、继祖、继祢的四条支系上各数四代，至第五代即族兄弟之子、从祖兄弟之孙、堂兄弟之曾孙、兄弟之玄孙，则不再与本人同宗，这可视为小宗"五世则迁"原则的另一种使用方式。

因此，一个父系小宗内部的男性成员种类是固定的，它囊括九个世代（即"九族"），共计九个直系加 4×4 个旁系，即 25 种。同时，它又可以解读为由五个"五"构成的序列：第一，纵向看来，共有五个支系；第二，算入与己身最近的共同祖先，每个支系包括五个世代，即高祖至族兄弟五世、曾祖至从兄弟之子五世、祖父至堂兄弟之孙五世、父亲至兄弟之曾孙五世、己身至玄孙五世。这 25 类父系小宗成员构成"亲亲"的范围，礼制通过聚居、共祭、族宴等形式极力维护亲族成员之间的关系与情谊，并认为其彼此间负有相互扶助的责任。而对宗族图谱以外的那些"迁"出去的族人，虽然仍有遥远的血缘关系，但已不再互负任何道义上的责任，由此形成了"亲人"与"凡人"的区隔。

同时，在这个以小宗谱系为基础而划定的家族内部，不同亲属之间又存在不同的亲疏远近关系。现代亲属法用于描述亲

五服图

（明）王圻、王思义撰辑：《三才图会·衣
服》，明万历三十七年原刊本

属间亲疏等级的专有名词为"亲等",其以数字作为呈现方式,数字越大则关系越远。而对于古代中国人来说,表现亲属等级差异的基本形式就是丧服。这是一套根据生者与死者的亲疏关系,以丧服形制及丧期长短表现对死者哀悼之情的礼仪规范。

首先,丧服形制(也称服制)是丧服制度最直观的外在体现。其以丧服质地为基准,由重到轻分为斩衰、齐衰、大功、小功、缌麻五个等级。斩衰是用最粗的生麻布制作的丧服,麻布裁剪的毛边任其裸露在外,再配以相应的冠带并手持丧杖。齐衰亦用粗麻布制成,但其边缘部分会被缝纫整齐。齐衰可进一步细分为持杖和不持杖两种类型。大功、小功、缌麻皆用熟麻布制成,而且布料的精细程度依次递增。

其次是服丧的时间。丧期亦可由长到短分为三年、期年(一年)、九月、五月、三月五个等级。除直系血亲存在例外情况外,服制与丧期的五个等级可以依次对应,由此形成了中国古人最为看重的五服,即斩衰三年、齐衰一年、大功九月、小功五月、缌麻三月。凡是出现在小宗图谱上的亲属,在其去世时皆要为之服丧;而对小宗图谱以外的本宗之亲则豁免了此项义务,故而此类远亲也被称作"出五服"。所以,五服是五种丧服的总称,不要与现代亲等制度混为一谈,想当然地以为还有什么四服、三服、二服、一服哦。

将小宗谱系与丧服制度结合起来所形成的丧服图如下:

高祖（齐衰三月）

曾祖
（齐衰三月）　　　　　　　　　　　　　　　　族曾祖父
　　　　　　　　　　　　　　　　　　　　　　（缌麻三月）

祖父　　　　　　　　　　　从祖祖父　　　　族祖父
（齐衰一年）　　　　　　　（小功五月）　　（缌麻三月）

父亲　　　　　　　伯叔父　　　　从祖父　　　　族父
（斩衰三年）　　　（齐衰一年）　（小功五月）　（缌麻三月）

己身　　　　兄弟　　　　堂兄弟　　　　从祖兄弟　　　　族兄弟
　　　　　　（齐衰一年）（大功九月）　（小功五月）　　（缌麻三月）

长子　　　　兄弟之子　　　堂兄弟之子　　从祖兄弟之子
（斩衰三年）（齐衰一年）　（小功五月）　（缌麻三月）
众子
（齐衰一年）

嫡孙　　　　兄弟之孙　　　堂兄弟之孙
（齐衰一年）（小功五月）　（缌麻三月）
众孙
（大功九月）

曾孙　　　　兄弟之曾孙
（缌麻三月）（缌麻三月）

玄孙
（缌麻三月）

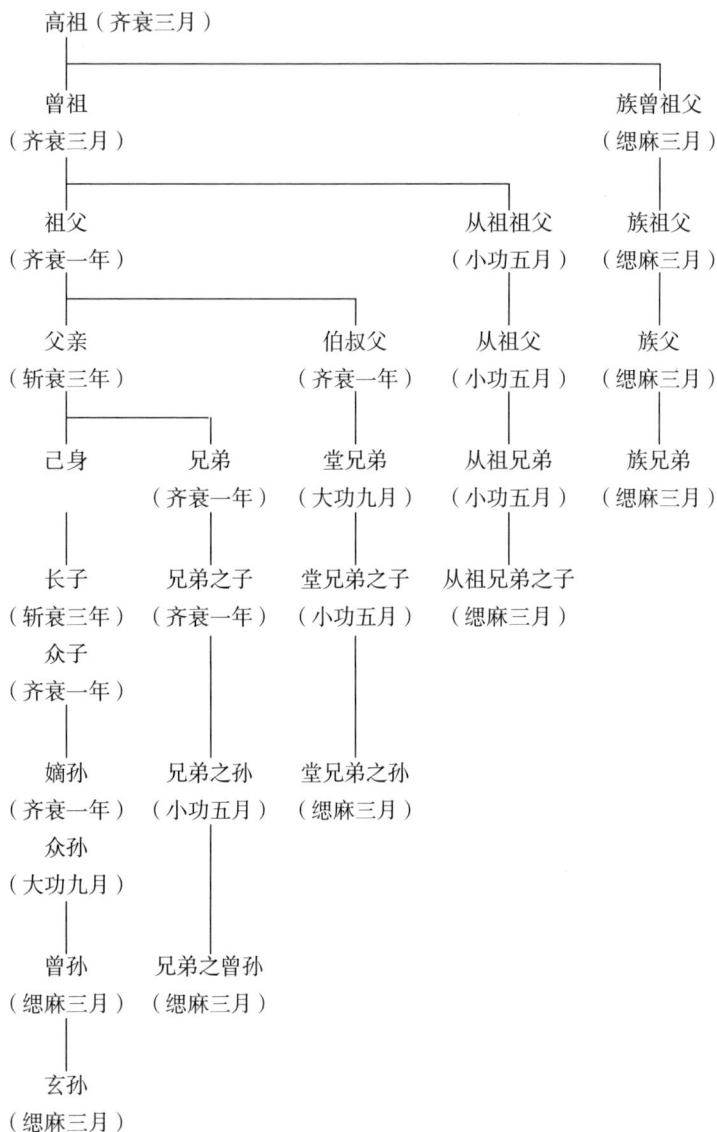

本宗九族五服之图

这张根据《仪礼·丧服》绘制的《本宗九族五服之图》鲜明地体现了"亲者隆，疏者杀"的丧服原则。所谓"隆"，是指加隆，即因与某亲属感情更亲密或其地位更尊崇而为之服重；所谓"杀"，是指降杀，即因与某亲属关系已疏远而为之服轻。根据《礼记·三年问》的说法，"至亲以期断"，父子、夫妻、兄弟等关系最亲密的亲属被称为"至亲"，对他们所服的丧服应以齐衰一年为起始。在期服的基础上，父亲因为是家庭中的"至尊"而被加隆为斩衰三年，母亲与父亲为一体，加隆为齐衰三年。不过，人子是否能为母亲足服三年要受到父亲的影响。只有在父亲已去世的情况下，子才得为母伸三年之丧；而在父亲还健在的情况下，由于夫为妻只服期年，子不可逾越其父，故只能为母服齐衰杖期，这便是古礼中的"厌压"原则。该原则在武则天时期被废止，明代进一步将母亲的服制提升到与父亲相同的斩衰三年。此外，除了父亲是子女的"至尊"外，丈夫也是妻子的"至尊"，所以妻子对丈夫的服制也加隆为斩衰三年；嫡长子作为宗子，代表着祖先正统血脉的延续，与其余诸子不可同日而语，故父母为嫡长子的服制也加隆为三年。而比期亲关系更远的亲属，服制依次减等为大功、小功，直至最外侧的缌麻，此之谓"四世而缌，服之穷也"。这样的亲属关系图谱，正如费孝通先生在《差序格局》一文中所言，是以"己"为中心，如石子投入水中所形成的波纹般一圈圈地向外推出去，愈推愈远，也愈推愈薄。

我们还可以从人类的朴素感情出发来解释"亲疏"与"隆杀"之间的联系。逝者与生者的关系愈亲密，其骤然离世给生者带来的痛苦也就愈大。而哀痛越深，也越无心顾及自身的服饰装扮，故其丧服所用的材质和缝纫工艺越粗劣，并需更长的时间来平复失去该亲属的悲伤。这便是"礼者，因人之情而为之节文"的道理。礼发端于对人之常情的体察，但其一旦制度化以后，便要求人们依照一定的规则表达感情，从而又对人情起到节制作用。

由此可见，丧服绝不仅仅只是一套丧葬仪式，它以仪式结构作为外在表征，将亲人去世之后应该表现出来的悲痛及对亲人应当给予的情感和尊重予以量化和制度化，从而直接体现中国伦理秩序中最为看重的"亲亲""尊尊"原则。而三年之丧，作为保留给至亲至尊者的丧服，在服制体系中具有严格专属性质和特殊含义。孔子曾说："子生三年，然后免于父母之怀。夫三年之丧，天下之通丧也。"故此三年之丧通常被视作人子对父母养育之恩的回报，并由子为父母扩展到妻为夫、臣为君的服制上，以此彰显父子、夫妻、君臣三对最重要关系的超越地位，可不是任何长辈去世都要守孝三年。

在中国帝制时期，三年之丧亦与国家行政制度发生紧密关联。在秦律当中，国家公职人员的丧假上限仅为三十日，但到了汉代，传统丧礼逐渐复苏，在声名远播的马王堆汉墓当中，出土了中国现存最早的帛画丧服图。该图在朱色华盖下排列着

19个正方形色块，左右各有一段文字提及了三年之丧、斩衰、齐衰、大功、小功等丧服与丧期，其内容虽与《礼记》记载不完全吻合，但从中亦可见三年之丧的观念对西汉早期上层社会的影响。

（汉）丧服图　长沙马王堆三号汉墓出土，湖南省博物馆藏，作者摄

然而，当大臣严格遵循传统丧礼的诸种禁忌行三年之丧时，他便不可能再参与任何世俗事务。因此，行三年之丧同时意味着解官。为了不耽搁国家政务，汉文帝在遗诏中要求对三年之丧"以日易月"，三十六日之后便可释服。不过到了东汉时期，解官服丧已成为士大夫的一种时尚，国家法令在高级官吏能否居丧三年的问题上亦反复改易。三国乱世，曹魏、蜀汉、东吴均对大臣居丧予以限制。直到晋武帝时期，大臣终丧三年才完全得到国家认可，此后又逐渐成为官僚士大夫的强制性规范。

回到开篇《如懿传》的故事，虽然我们都知道，甄嬛只是想找个借口为难女主如懿，但既然她说到"按礼"，那么面对"礼"这个具备行为规则、伦理内涵、经典依据和学术传承的规范体系，尤其是涉及"三纲"与国家典章的三年之丧，就容不得她信口开河了。

那么按礼，如懿究竟应当为她的姑姑守孝多长时间？由于上文的九族五服之图仅展示了本宗的男性成员，而且历朝历代亦在《仪礼·丧服》的基础上对部分服制与丧期有所微调，所以我们必须找到清代有关丧服制度的权威规定。让我们拿出《大清律例》，翻到卷二的"诸图"部分，查阅不同类型的丧服图……

且慢！《大清律例》是一部国家基本律典，为什么会有丧服图呢？

众所周知，中国传统社会是构筑在宗族基础上的熟人社会。在这样的社会结构当中，亲属伦理不仅仅是道德宣教，也是国家政治和法律体系的核心，由此形成了以"家族法""伦理法"而闻名于世的中华法系。而中华法系的根本要义，便是在处理亲属相犯案件时，依据当事人之间的身份关系予以差异化量刑。具体原则为：卑幼冒犯尊长，关系越亲，处罚越重；尊长侵犯卑幼，关系越亲，处罚越轻，以此建立"越是亲亲，就越是尊尊"的法律秩序。

上文已经详细讲到，中国传统家族中的身份等级关系是以丧服为外在表征确定下来的。将五等丧服之制所设定的亲疏关系作为定罪量刑时确定双方当事人身份关系的前提条件，就是"准五服以治罪"。该原则虽在中国帝制早期便有所体现，但其系统性地融入法律，则是西晋泰始律的创举。因此，"峻礼教之防，准五服以制罪"也被视为是礼律合一和法律儒家化的重要标志。

再放到现实层面来说，在中国乡土社会发生纠纷的案件当事人，彼此沾亲带故的可能性非常大。在这种情况下，裁判官必须频繁地翻出本朝礼典，先将加害人置于丧服图"己身"的中心位置上，再探查被害人究竟位于图谱当中的哪个点位。在明确了当事人双方的尊卑关系及亲疏关系之后，裁判官才能长舒一口气，坦然翻开律典寻找相应的法律条文进行定罪量刑。可这样的话，裁判官手头必须常备两本书，很麻烦不是？所以

在《元典章》这部江西地方官府为方便使用而自行编撰的法规
汇编当中，丧服图被从礼典中抽离出来，与法律规范合编在一
起。这一做法显然大受欢迎，后世两朝的《大明律》和《大清
律例》皆延续了这种编纂方式，所以我们才能在《大清律例》
的前端方便地查到清代对丧服制度最权威的规定。

　　《大清律例》的第一幅丧服图是本宗九族五服正服之图，
该图的亲系脉络虽然对现代人来说不够友好，但其形制更加规

本宗九族五服正服之图
（清）姚雨芗原纂，胡仰山增辑：《大清律例刑案新纂集成》，同治十年
刻本

整，内容也更加全面。图谱右侧依然是本宗男性亲属，但添加了男性亲属的配偶，也就是因为婚姻而加入本宗的外姓女子。图谱左侧则为本宗女性亲属，她们与右侧的男性亲属是完全对称的，比如，与伯叔父对称的位置是姑姑，与兄弟相对的是姊妹，与侄儿相对的是侄女，等等。但与男性亲属不同的是，每一类本宗女性亲属的服制又分为在室和出嫁两种情况，在室女是指未出嫁的姑娘，她们的服制与相应的男性成员完全一致。然而出嫁的女性被视为离开父宗而加入夫宗，所以她们与父宗家族成员之间的关系发生了由亲转疏的变化，因此其服制需要降一等，这在礼学上被称为"出降"。

由上图可知，父亲的兄弟是伯叔父，服制为齐衰期；父亲的姐妹是姑姑，在室时亦为之服期，出嫁后则降为大功九月。由于如懿的姑姑——景仁宫前皇后是已经出嫁的女子，所以如懿应当为其服大功？

并不是。别忘了，如懿本人亦是出嫁女，而本宗正服图默认的己身是父系宗族当中未过继给他人的男性成员或未出嫁的女性成员。所以我们还得将《大清律例》中的诸丧服图往后翻，经过妻为夫族服图、妾为家长族服之图，然后就到了出嫁女为本宗降服之图。

在出嫁女为本宗降服之图中，我们可以轻松地找到正确答案，作为出嫁女的如懿为同为出嫁女的姑姑服小功五月之丧即可。这是因为父系宗族成员要为本宗出嫁的女性降服，本宗出

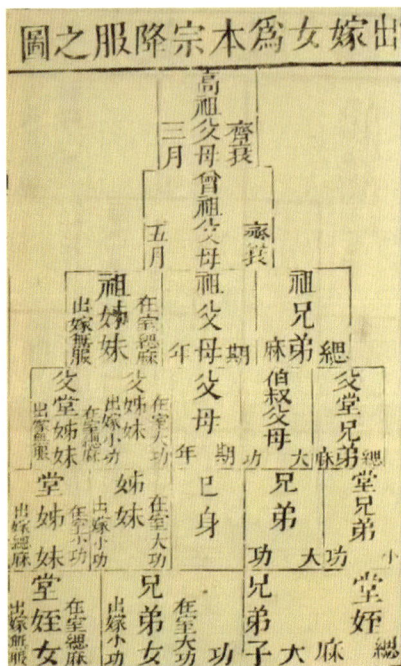

出嫁女为本宗降服之图
（清）姚雨芛原纂，胡仰山增辑：《大清律例刑案新纂集成》，同治十年刻本

嫁的女性也要为父系宗族成员降服，从而造成一名已婚女子为父系家族的另一名已婚女子服丧时需进行二次降服，以至由颇重的齐衰直接降阶成了较轻的小功。

屈原之妻：文艺作品中的婚姻误区

若问屈原的妻子是谁，受各类文艺作品影响，很多人可能会脱口而出：昭碧霞。

然而，回到历史语境，屈原不可能娶一名叫作昭碧霞的女子为妻。这倒不是因为屈原所爱另有其人，根本原因在于：同姓不婚。

同姓不婚是西周礼制的重要原则。相较于"子姓内娶"的商代，王国维先生认为这是周代在政治与文化方面做出的最大变革之一。周代禁止同姓为婚的原因有二。一是"男女同姓，其生不蕃"。在先秦时期，同姓之人确实具有血缘关系，近亲结婚不利于后代繁衍的事实也为人所知。二是"娶于异姓，所以附远厚别"。礼最为重要的作用就是"别异"——不但区分人的阶层，而且区分人与动物。因此，后世礼学家将"厚别"解释为"别于禽兽"，以维护伦常。更何况，异姓联姻还能带来"附远"，即加强与远方贵族的政治联系的实际利益。想当

初，周文王和周武王以周原小国对抗强大的商王朝能赢得胜利，关键的政治基础之一便是姬姜联盟。姜姓部落来源于西羌，其族人在商朝素来被当作献祭的人牲使用，残酷的命运促使他们与同样决心反抗的周人达成同盟，传说中的姜太公很可能便是羌族部落的首领。而在古代，联盟的最好方式莫过于联姻，于是，周武王迎娶了姜太公之女邑姜为王后，并通过礼制将这种联盟形式确定下来。我们能在先秦的历史舞台上看到许

许多多的姜姑娘，便与姬姓诸侯的这种婚姻规则密不可分。

后来，虽然周王朝的覆灭带走了同姓不婚的政治基础，但这条原则却被崇尚礼乐文明的古代中国人忠实地继承了下来。中华法系的代表性法典《唐律疏议》明确规定"诸同姓为婚者，各徒二年……并离之"，并为历朝相袭不改。纵然后世许多同姓之人的血缘关系已变得非常稀薄甚至完全不具有血缘关系，同姓为婚依然是中国传统社会的头号婚姻禁忌，在古人心目中基本相当于乱伦。这一冒天下之大不韪的行径意味着一切荣誉和身份利益的丧失，这对于贵族来说简直是致命的。

此时也许有人会问，既然古代中国人讲究"同姓不婚"，又为何还有"亲上加亲"的说法？事实上，这二者一点都不矛盾，同姓不婚虽然有一些初见端倪的优生优育的考量，但它与建立在科学原则之上的禁止近亲结婚的现代法律并不完全相同，其核心关注点在于维护宗族内部的既定关系，避免宗族成员之间发生伦理紊乱。而对于宗族外部的亲属，中国古代的法律与社会并没有那么强烈的婚姻禁忌。众所周知，中国的宗族是父系的，也就是由男男相传而形成的亲系脉络，并以父姓作为外在表征。女儿当然也是父系宗族的成员，但这种关系仅限于女儿本人，在女儿"外嫁"之后，她所诞育的子女便完完全全属于她丈夫这一系的宗族成员。因此，如果两个人皆是通过男系上溯到同源祖先，那二人便是同姓的宗亲；而一旦有一方或双方需要女性亲属的参与才能建立起血亲之间的连接，那他们便是分属于不同宗族的外亲，外亲皆为异姓。举个例子，叔伯的子女、姑母的子女和姨母的子女依照中国当代民法典来说皆属于第三代旁系血亲，亲缘远近完全相同，但在古代则差别甚巨。叔伯的女儿与自己是关系极近的宗亲（堂兄弟姐妹，如贾宝玉与贾迎春），显而易见不能结婚；而姑母的女儿与姨母的女儿皆属关系较远的外亲（表兄弟姐妹），具体而言，前者是姑舅表亲（如贾宝玉与林黛玉），后者为两姨表亲（如贾宝玉与薛宝钗），皆不属于被严格禁止的结婚对象。

于是我们就明白，同姓不婚的本质是宗亲不婚，而亲上加亲指的就是表亲联姻。其实，回到姬姜联盟的历史背景，当两个部落世代通婚时，必然会出现亲上加亲的情况，甚至在中国古代的书面语中，儿媳对公婆的称谓为舅姑，很可能在周代就是实指。

此外，也许有人又会问，道理我都懂，可屈原和昭碧霞为啥是同姓？这就要从中国先秦时期的姓、氏、名、字谈起。

屈原姓芈，氏屈，名平，字原。相信在电视剧《芈月传》热播之后，不少人都知晓了"芈"这个冷僻字。然而在当今社会，"姓氏"和"名字"已成为同义复合词，许多人对"姓"与"氏"、"名"与"字"的差别一头雾水。就拿2017年播出的以屈原为主人公的电视剧《思美人》来说，屈原的母亲唤儿子"原儿"，屈原也经常自称"我屈原"……

然而按照传统社会的礼节，除非是仇人见面，否则称呼自己应当用名，以示谦卑；若称呼他人，祖父母、父母等尊长可直呼儿孙辈的名讳，其他亲友之间只能称字，以示尊重。称呼关系较为疏远的同僚或者地位比自己高的长官，则须用更加礼貌客气的头衔和官职。因此，如果有陌生人站在大街上喊屈原，不排除想同他打一架的可能，屈原本人只可自称屈平，他的母亲叫他平儿还差不多。

如果觉得这称谓有红楼梦附体之嫌，一点都不高大上的话，完全可以引入《离骚》的名句"名余曰正则兮，字余曰灵均"嘛。但要注意，可不能像《思美人》那样，让屈原站在楚国大殿上来一句："灵均既生于天地之间，就要乘骐骥以驰骋。"弄错谦辞和敬称的后果，已不是"失礼"二字所能概括的。

言归正传谈回姓氏。由于姓与氏在帝制初期就已逐渐合一（基本上是氏取代了姓），所以大家对这二者普遍更为陌生。而且，很多人会因为"姓"字的偏旁就把姓的起源追溯到母系社会，但母系社会只是一种学术假说，用它来解释先秦时期姓与氏的区别，不但毫无助益，反而会带来不少困扰和误解。因此，我们依然在有据可考的父系家族脉络的基础上对姓与氏的差异和使用规则做出解释。

首先，先秦时期的姓是父系血缘关系的标志，所有同姓之人都可以沿着父系脉络追溯到一个遥远的共同祖先。换言之，凡是同一始祖的男系后裔都是同姓的族人。这种由天然繁衍而形成的族群是一个金字塔结构，人口规模呈指数型函数增长，金字塔的基座可以是无穷大。

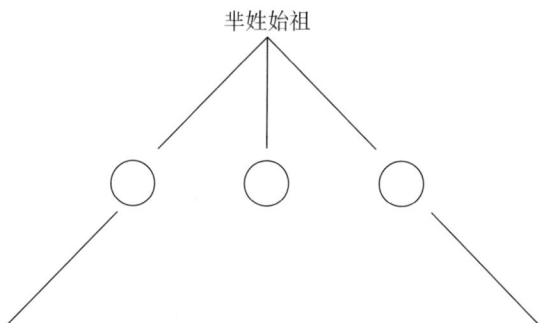

芈姓始祖

那么问题来了。面对如此庞大且仍在不断扩充的同姓人口，如何能够更方便快捷地识别身份、辨别亲疏？如何能够更有效率地进行祭祀和社交活动？这个时候"氏"就派上了大用场，它能够适时地将庞大的同姓人口分割成规模更小、内部关系更亲密的宗族单位。

在前面两节当中，我们提到了宗法制度下的大宗与小宗谱系。事实上，如果按照金景芳先生的观点做更加严格的论述，宗法制仅贯行于宗统当中，宗统之上还另有君统。所谓君统，即天子与诸侯各自的世系，它的建构原则与大宗类似，都是嫡嫡相袭的单线条传承脉络。诸侯庶子不继承君位，受封采邑而为卿大夫，方才成为一宗之祖，也就是"别子为祖"的确切内涵——诸侯庶子别于正嫡，故称"别子"，该别子之男性后裔以其为先祖形成宗统。

"姓"与"氏"的关系便在很大程度上展示了君统与宗统的联结及分立过程，即"氏"是宗统分立的标志。未能继承君位而受封采邑的别子，将会在自己的封邑上成为一脉新支系的先祖，为了将这一脉以自己为顶点的宗族团体单独标识出来，就需要一个新的"氏"。采邑的名称、新官职的名称、先父的谥号等都可以作为"氏"的命名依据。与此同时，别子之父即为先君，大宗通过祭祀别子所自出之先君，将宗统根植于君统，一起延续着来自遥远始祖的最古老的"姓"。此外，君统作为该姓的主干而非分支，从严格意义上来说是没有氏的，这也就是"天子无氏""诸侯无氏，以国爵为氏"的缘由。

总之，"姓者，统其祖考之所自出；氏者，别其子孙之所自分"。"姓"用于总括性地标识家族祖先出自何处，"氏"是"姓"的分支，用于分化性地标识该家族的后世子孙位于何处。

楚国王族的世系图大致如下：

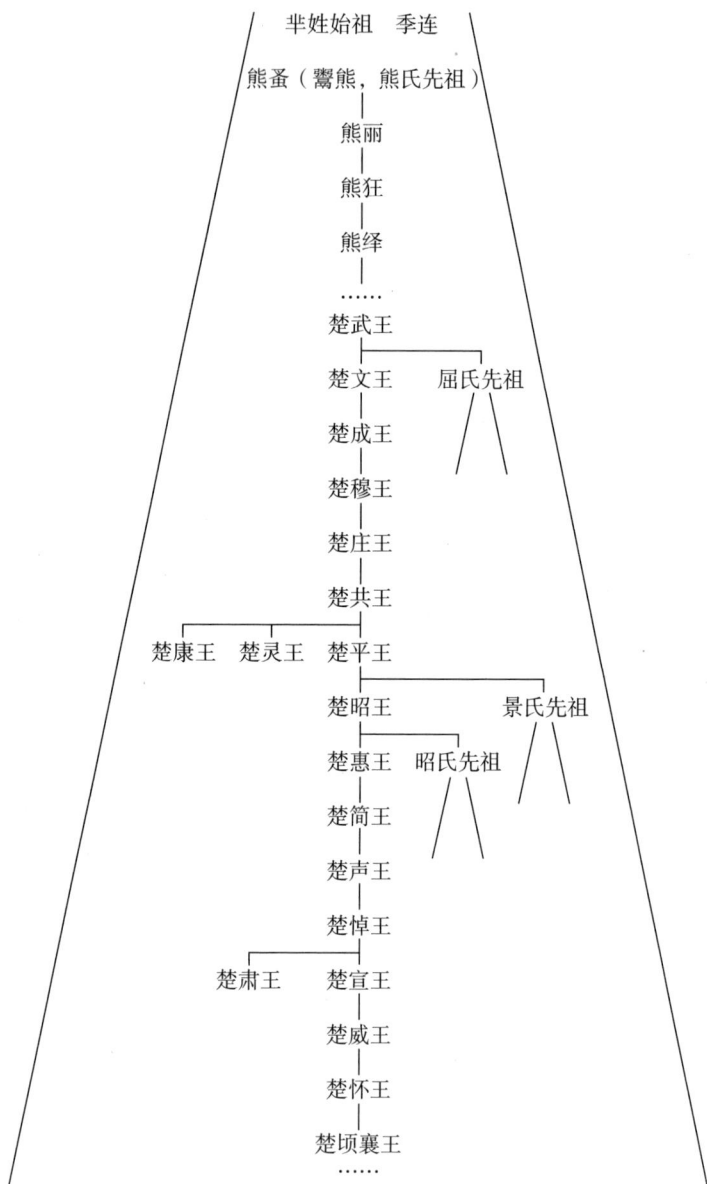

芈姓始祖 季连

熊蚤（鬻熊，熊氏先祖）

熊丽

熊狂

熊绎

……

楚武王

楚文王　屈氏先祖

楚成王

楚穆王

楚庄王

楚共王

楚康王　楚灵王　楚平王

楚昭王　　　景氏先祖

楚惠王　昭氏先祖

楚简王

楚声王

楚悼王

楚肃王　楚宣王

楚威王

楚怀王

楚顷襄王

……

屈氏和昭氏这就出现了。

楚国似乎属于"国君无氏"的例外，历代国君独享最为尊贵的熊氏，由君统分立出去的宗统所形成的氏非常多，斗氏、成氏、卓氏、庄氏等皆属此类。但到了战国末期，芈姓之下除了王族熊氏之外，最为昌盛的氏族只有三个：屈氏、景氏、昭氏。屈原被流放之前所任的最后官职三闾大夫，就是掌管屈、景、昭三氏的宗族事务及宗庙祭祀之事，相当于一个宗族总管。这三个氏族的成员，显然都是有血缘关系的自己人。

既然先秦时代除了国君有姓无氏、庶民无姓无氏之外，贵族士人皆有姓有氏，那么究竟应该如何称呼他们？

一般规则是"男子称氏，女子称姓"。

男子称氏，以别贵贱。上文已经讲到，"氏"的作用是在庞大的同姓人口中划分出人数较少、关系更亲密的小团体。男子之间相互称氏，可以方便快捷地定位对方所属的具体宗族以及身份贵贱、关系亲疏，这在贵族社会非常重要。因此，称这位伟大的爱国诗人为"屈平"或者"屈原"是恰当的，而一朝发现屈原姓芈这个"惊天大秘密"，就要满世界将其称谓纠正为"芈原"，反而不合适。

女子称姓，以别婚姻。在传统社会看来，女子最重要的使命是联姻。女子称姓能够使男方迅速识别出此女是否为符合礼制的结婚对象。换句话说，女子称姓的目的就是避免同姓为婚。所以，无论是楚王的公主，还是出身于屈、景、昭等其他氏族的贵族小姐，都要保留最为远古的芈姓。纵使昭氏真有一个名为碧霞的女儿，也应该被称为芈碧霞而不是昭碧霞。

事实上，屈原的妻子在正史中没有任何记载，民间族谱或祭祀中有称其为陈氏者，也有称其为邓夫人者。陈氏出于妫姓，邓氏出于曼姓，确有可能与芈姓屈氏的屈原结合，唯独同为芈姓的昭氏绝无可能。昭碧霞一名的出处是《大地悲歌·屈原传》这部传记文学作品，大概作者打算为屈原安排一位出身名门、温柔贤淑的妻子，并且隐约知道昭氏是出过令尹的楚国大族，就罔顾历史常识，来了一段有违伦常的拉郎配，结果被许多现代观众当作史实，流毒甚深。

总之，只要昭氏和屈氏不打算陷入不伦之恋的风波，就不可能动起子女联姻的心思。纵使两位才子佳人某一日在户外不期而遇又心生钦慕，一旦碧霞姑娘自称姓芈，屈原的第一反应都应该是："原来是位同姓的姐妹。"求偶之心顿时烟消云散。

再顺便说一句，由于屈原与楚王也是同姓，所以楚怀王与屈原的姐姐/堂姐/族姐，据小说家言叫屈容（芈容）的那位姑娘，也不可能在一起，原配王后什么的纯属无稽之谈。

《春秋》决狱：儒家经义的司法实践

在中国法律史研究领域，有一个叫作"法律儒家化"的重要理论命题。它由瞿同祖先生在《中国法律与中国社会》这部著作中正式提出，用以描述中国法律在汉魏六朝时期所经历的重大变革。此去经年，该理论依然如同一座巍峨的山峰，后世学人可以赞叹它，可以挑战它，但始终无法绕开它。

法律的儒家化与儒家在中国古代政治中树立起正统思想的地位密切相关。在董仲舒的提议下，汉武帝罢黜原有的诸子传记博士，唯设五经博士，令其教授士族子弟，并根据子弟的学习情况吸纳其入朝为官。也就是说，所谓"罢黜百家"，并不是要禁绝诸子百家的典籍及其传播，而是通过王官之学的统一，以及学与仕的勾连，使天下汲汲于功名的读书人纷纷涌上治经的路途，从而确立起儒学和儒家经典的权威地位。

官僚群体的知识背景当然会对其执政理念造成莫大影响，处理刑狱类政务时更是如此。然而彼时的制度基本沿袭秦朝，

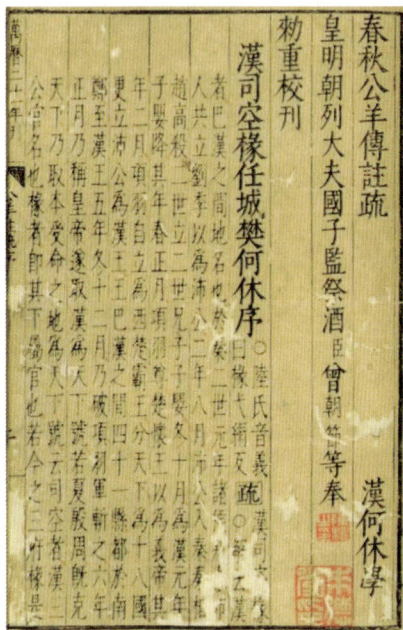

《春秋公羊传注疏》书影
明万历二十一年刊本

即所谓"汉承秦制"，法律规定与在经典熏陶下成长起来的新一代官员的价值观产生龃龉的情况时有发生。但在国家建制与法律体系已然成型，为保持法律的稳定性而不能做大幅度变更的情况下，许多官员试图在司法过程当中，通过引经据典来潜移默化地改造承袭下来的僵硬且严苛的秦法。尤其是在遇到法律没有明文规定，或者法律虽有明文规定，但机械僵化地照搬法律条文会造成司法适用的结果与道德伦理及人们心中朴素的法感情不相吻合的情况时，则运用儒家经典作为案件审理的依据，这种特殊的司法解释方式被称为"经义决狱"或"引经决狱"。

在"经义决狱"所用到的经典当中，出镜率最高的是《春秋》，也就是"春秋决狱"。《春秋》本为鲁国国史，据传后经孔子之手编修而成。由于春秋经言简义深，故有学者作传以解经，后世流传下来的经传主要有三家，分别以作传者的姓氏命名为《春秋左氏传》《春秋公羊传》《春秋穀梁传》。到了汉代，学者们皆须凭此三传研读《春秋》。在春秋三传当中，《左传》属于古文经学，《公羊传》与《穀梁传》属于今文经学。今文经学是在战火中幸存下来的老博士们，在西汉初年依靠记忆，通过师徒相授的方式传承下来的经典文本与经典解释，因其经典用汉代通行的文字隶书书写而得名；古文经学据传发端于西汉诸侯王鲁恭王坏孔子宅，从孔壁中发现的以六国古文字书写的经典文本。然而，今古文经学的差异绝非简单的文字之别，对经典的诠释路径与观念差异才是其核心。与古文经学偏重章句训诂之学不同，今文经学更加崇尚微言大义，强调通经致用，力图从经典中发掘恒常不变的义理，并为当下的政治提供合理性解释或实用性资源。两汉时期的官学以今文经学为主流，汉武帝最早所设的五经博士，实际是五经七家博士，即《诗》立齐、鲁、韩三家，《尚书》欧阳氏，《仪礼》后氏，《易》杨氏，《春秋》公羊氏。所以严格来说，作为司法解释方法的"春秋决狱"，所依凭的经典其实是《春秋公羊传》。

春秋决狱的代表人物董仲舒就是一位著名的公羊学家，其撰写的《春秋繁露》一书即结合《公羊传》对春秋笔法中所蕴含的正义原则进行进一步阐发和形而上学论证，使之成为人世纲常的天然标准。根据《后汉书》的说法，在董仲舒年老致仕之后，每当朝廷遇到需要进行廷议的重大疑难案件，仍会派遣廷尉张汤亲至其家向其请教得失，董仲舒则以经义相对，前后积累起232个案件，编撰成《春秋决狱》一书。可惜此书已经亡佚，我们只能借助保存在《通典》《太平御览》等书中的几个案例窥得一鳞半爪。

然而论述至此，一定仍有许多人表示不解，《春秋》不是我国历史上第一部编年体史书吗？一部历史书如何作为司法依据？毕竟，如果今天有人拎着一套历史教材走进法庭，一定会收获来自四面八方惊异的目光。说到这里，就不得不提中国传统的经史之学与现代学科分类标准下的历史学之间的差别。

现代人知识体系中的历史学科，很大程度构筑在兰克史学的基础之上。兰克史学以19世纪德国著名历史学家利奥波德·冯·兰克而得名，其主张客观主义史学，认为历史学的核心使命是通过严格的史料考证，尽可能地去接近曾经真实发生过的客观事实。为了将历史学变成一门科学，兰克史学树立起以史料学为中心的史学方法论，要求学者在大量一手材料的基础上做出史料考辨与史料批判，最终去伪存真，确保存留下来的历史记叙皆为"信史"。而在此过程当中，任何价值判断都要被排除在外，以达到科学所要求的"价值无涉"标准。同时，信史的书写应当是真实材料的简单堆砌，拒斥任何文学化的修辞与加工。总而言之，兰克史学延续了西方哲学一以贯之的二分法：历史是客观的，所以就不能是主观的；它是材料性的，所以就不能是文学性的。

　　但是，如果你将上述标准讲述给中国古代的史学家听，也一定会收获他们大惑不解的眼神：为什么我在作品中做出了价值评判，就会影响到事实记载的可靠性？为什么我的作品不能既是杰出的史学著作，又是优秀的文学著作？事实上，在中国传统史家看来，史著一定要兼具事实判断与价值判断两方面内容。在事实判断层面，秉笔直书为史官的最高美德，"其文直，其事核，不虚美，不隐恶"为优秀史著的评判标准。为了在强权之外保持独立人格，史官们留下了"在齐太史简，在晋董狐笔"的悲壮故事。不过，对历史事件的实录只是历史书写的根基，在史实的基础之上对其做出价值判断才是史著的终极使命。唯其如此，历史方能以之蕴含的正当性与合法性，为后来者提供借鉴和警示。所以，中国人的历史是一部精神史，我们可以透过它看到延续千年的追求与坚守；历史也因此成为中国人的信仰，大家相信某个人即便权倾一时、只手遮天，但他终究逃不过历史对他的审判。

　　而中国的这种史学传统正是脱胎于《春秋》的经学传统。正所谓"孔子作《春秋》而乱臣贼子惧"，经学家们相信，《春秋》是孔子的退而发愤之作，在这部经典当中，孔子倾注了自己一生抑郁难伸的政治理想，通过"微而显，志而晦，婉而成章，尽而不污，惩恶而劝善"的笔法褒贬天子诸侯之事，阐释圣王之道，为天下树立行为标准与法度。他以正义原则为利器，在黑暗的丛林世界中劈开了一条艰险而光明的路途，是以后人评价《春秋》"一字之褒，荣于华衮；一字之贬，严于斧钺"。当太史公司马迁创作《史记》之时，他在《自序》中盛赞《春秋》"上明三王之道，下辨人事之纪，别嫌疑，明是非，定犹豫，善善恶恶，贤贤贱不肖，存亡国，继绝世，补敝起废，王道之大者也"，并暗暗表达了自己希望效法孔子、续作《春秋》的心迹。后来，《史记》成为"二十四史"之首，为中国古代史著书写树立了典范，是以中国历代史书皆有《春秋》的影子。

既然《春秋》的落脚点在于对过去二百四十余年间所发生的历史事件进行是非评判，而法律的根本任务在于对当下所发生的案件进行是非评判，那么《春秋》与法律就在价值判断层面发生了交叉，《春秋》不仅被汉朝人当作蕴含了诸多正义原则与道德准则的法典，还被视为能够超越时间与空间的万世之法。而孔子作为法官的典范，其所记述的历史事件都可作为司法实践中的先例来使用，孔子对春秋故事的评判则被当作判定何为正当性的最高原则，这就是"春秋之义"。了解了这一点，我们就可以发现，春秋决狱其实是从《春秋公羊传》中发掘春秋之义，然后以之作为裁判依据的司法适用过程。

让我们来举个例子。有一次，朝廷遇到一起疑难案件，这起案件的案情其实并不复杂，就是没有亲生孩子的甲从道旁拾得一个弃儿乙并养为己子。但这个孩子是个不让人省心的，他长大后杀了人并潜逃回家，将自己闯下的大祸一五一十地告诉了养父，爱子心切的甲选择将养子藏匿起来。后来二人皆被官府抓获，杀人的儿子依照"杀人偿命"之律论处自不待言，但存在争议的地方在于：对这名养父甲，究竟应该如何论处？

要知道，秦时实行首匿相坐之法，要求在某人实施了家庭外部的一般犯罪之后，其家庭成员应当积极检举揭发他的罪行，否则将面临着匿罪和收孥两方面的惩处。匿罪是指明知其亲属犯罪并主动帮其隐瞒罪行或处理赃物，商鞅变法时规定"不告奸者腰斩，告奸者与斩敌首同赏，匿奸者与降敌同罚"，睡虎地秦墓竹简则规定匿者与正犯同罪。而收孥相坐是指纵使对亲属的犯罪行为毫不知情且没有任何包庇窝藏的行为，依然免不了受其牵连而被官府收没为奴的结局："秦法，一人有罪，并其家室。"汉初的《二年律令·收律》中仍保有该规定："罪人完城旦、鬼薪以上，及坐奸府（腐）者，皆收其妻、子、财、田宅。"总之，秦设置匿罪与缘坐之刑，其目的不仅仅是通过扩大化的刑罚造成威慑，也不仅仅在于使潜在的犯罪人因为顾念亲人而放弃犯罪，还在于使家庭内部结成相互监督的担保单位，通过亲属之间的相互检举揭发来最大限度地维护统治。

如果严格按照从秦朝继承下来的首匿相坐之法，此案中藏匿了犯罪人的父亲应当与犯下杀人罪的儿子一道被判处死刑。然而，以董仲舒为代表的儒臣们提出异议，他们认为亲属间的首匿相坐之法不符合更高一级的正义原则。众所周知，根据《论语》的记载，当叶公以"其父攘羊，而子证之"作为"直躬者"的典范向孔子炫耀时，孔子冷冷地提出针锋相对的反驳意见，指出"父为子隐，子为父隐，直在其中矣"。诚然，父子之间相互隐瞒犯罪行为，必然会妨碍侦查取证工作的顺利开展，可是，如果一个人连自己的亲人都不爱，那他还会爱谁？如果一个人连自己的亲人都能出卖，那他又有谁不能出卖？所以在孔子看来，维护近亲伦理、捍卫最基本的人情和人性，要优先于对司法效率的考量。这则义理也在《春秋公羊传》中得到了申发。

根据《春秋》经文："（文公十五年）十有二月，齐人来归子叔姬。"子叔姬是鲁文公的同母姊妹，原本嫁与齐昭公为夫人，但她后来因与鲁国大夫单伯私通而被休弃回家。事件本身很简单，但《公羊传》却从春秋经的字里行间挖掘出了"微言大义"。《公羊传》解释道：经文为什么要说"来"呢？这是对子叔姬表达矜悯之情啊。可是子叔姬有罪，为什么还要怜悯她呢？这是因为"父母之于子，虽有罪，尤若其不欲服罪然"。此时鲁文公与子叔姬的母亲尚在人世，母亲对女儿怀有隐罪之心，孝子自当体察母心，做出相同的表态。

正是延续了这样的理路，董仲舒在该案中明确指出，"春秋之义，父为子隐，甲宜匿乙"，不应当追究甲的刑事责任。在董仲舒试图运用春秋之义在个案当中挑战首匿相坐之法后，汉昭帝始元六年（公元前81年）的盐铁会议上，贤良文学之士痛陈"自首匿相坐之法立，骨肉之恩废，而刑罪多矣。父母之于子，虽有罪犹匿之，其不欲服罪尔。闻子为父隐，父为子隐，未闻父子之相坐也。闻兄弟缓追以免贼，未闻兄弟之相坐也。闻恶恶止其人，疾始而诛首恶，未闻什伍而相坐也"。于是在地节四年（公元前66年），汉宣帝正式颁下"亲亲得相首匿"的诏书：

> 父子之亲，夫妇之道，天性也。虽有患祸，犹蒙死而存之。诚爱结于心，仁厚之至也。岂能违之哉？自今子首匿父母、妻匿夫、孙匿大父母，皆勿坐。其父母匿子、夫匿妻、大父母匿孙，罪殊死，皆上请廷尉以闻。（《汉书·宣帝纪》）

自此，亲属容隐之法在制度层面正式取代了首匿相坐之法，近亲被从包庇窝藏罪的犯罪主体中剔除出来，亲属可以享有不揭发犯罪的特权，透露消息、藏匿罪人、帮助逃跑等行为可以得到豁免或从宽处理。

但是对于该案来说，事情还远未结束。无论是《论语》还是《春秋公羊传》，其中所提到的父母子女关系，一般都被默认是由天然纽带联结起来的血亲。那么，像甲与乙这种养父子关系，还能适用"父为子隐"的义理吗？毕竟，通过有限的出土简牍可以获知，秦代并不认为假父、假母这类拟制血亲可以和亲生父母相提并论。例如睡虎地秦墓出土的《法律答问》就记载，父亲盗窃儿子的财物，如果两人是亲生父子，秦律就认为父亲不构成犯罪，若二人仅为假父与假子关系，父亲仍以盗窃论处。

对于这种以血缘作为判定父子关系是否成立的唯一标准，董仲舒同样表示不满。在另一起案件中，当事人乙在其刚出生的时候就被亲生父亲甲送给了丙抚养。乙长大后对自己的身世一无所知，直到有一天，甲与乙在大街上相遇，喝醉了的甲趁着酒劲对乙说：你是我的儿子。乙大概以为甲在占他便宜，于是怒火万丈地抢起棍子，揍了甲二十下。甲的想法当然是：我竟然被儿子打了，现在的世界真不像样……他忍一时越想越亏，退一步越想越气，最终决定上告官府，要求追究乙的刑事责任。根据《二年律令》，未造成伤害后果的一般殴打辱骂行为，若发生在普通人之间只是小罪，可若行为人与受害人分别是儿子与父母，或者父母告子不孝，此子就要被处以弃市死刑。

是的，你没看错。子女冒犯父母从重治罪，以及父母伤害子女从轻论刑，并不完全是法律儒家化的结果。早在秦朝的法律中，就不仅有上述原则的鲜明体现，而且还给予了父母"谒杀"也就是要求官府处死不孝子的特权。在法家以君主为权力金字塔顶点而设计的"命令—服从"型统治模式中，不仅不排斥家庭内部的父权结构，还希望通过法律维护父权的方式来保障家内等级秩序，更希望由父权引申至君权的强化。故而《韩非子》中有一则与"三纲"非常接近的表述："臣事君，子事父，妻事夫。三者顺则天下治，三者逆则天下乱，此天下之常道也。"

那么这里的乙是不是死定了？并不是。这时董仲舒站了出来，以"甲生乙，不能长育，以乞丙，于义已绝"为由，否认了被送养的儿子与亲生父亲之间存在父子关系，自然也否决了乙的殴父罪。在董仲舒这里，对亲属关系的界定已经转化为对涉案双方内在态度和外在行为的正当性评价，当一方不再按照自己的身份实施正当行为，两人就被认为"于义已绝"，另一方也不必恪守之前的义务。

回到最初的案件当中，董仲舒试图再一次运用经义肯定养父子与亲生父子相同的身份关系，从而为这位养父甲争得与亲生父亲同等的容隐权。于是，他选择了《诗经》中的名句"螟蛉有子，蜾蠃负之"来佐证"甲无子，振活养乙，虽非所生，谁与易之"的观点。

螟蛉是桑上的小青虫，蜾蠃则是细腰蜂，古人在观察日常

螺蠃　　［日］细井徇撰绘：《诗经名物图解》，日本嘉永元年刊本

事物时发现，螺蠃会将螟蛉抓回自己的巢穴，但似乎并没有吃掉螟蛉，而是将其密封在巢内就离开。当巢穴再次开启之时，从里面钻出来的却是新一代螺蠃。于是，古人本着质朴的善良和离谱的想象力，认为螺蠃这种生物不能生育，只好将螟蛉的孩子衔回去，封闭在自己窝里偷偷抚养，并祝祷道："希望这些孩子将来能像我呀。"果然，待这些"螟蛉"长大离巢之际，就都化成螺蠃的样子啦。由于该诗句传诵甚广，故而后世常常将养子，尤其是抱养的异姓义子称为螟蛉子。

　　当然，受过科学教育的我们一眼就会看穿这套温情又奇幻的说辞背后的残酷真相。作为一种体外寄生蜂，蜾蠃会将捉到的螟蛉蜇刺麻醉，然后与自己的卵一道密封在巢穴当中。当蜾蠃的幼虫孵化出来以后，这些螟蛉的血肉就是它们现成的美食。待巢中的螟蛉被吃干抹净，蜾蠃的幼虫也化为成虫，破巢而出了。唉，真应了王国维先生那句"可爱者不可信，可信者不可爱"啊。

不过我们暂且先将科学放一放，回到经学的视角来看待问题。要知道，《诗经》并不完全是今天文学意义上的诗歌总集，想当年，周天子于每年孟春之月，派遣官员摇着木铎去各地采集民风，可不是为了传承非物质文化遗产，而是为了收集民间对于政治的评判意见，以此了解自己的为政得失，以便发扬或改正，这便是"古有采诗之官，王者所以观风俗，知得失，自考正"的道理。如果说《春秋》的灵魂是褒贬，那么《诗经》的内核便是美刺，二者的载体固然不同，但它们最终都指向对于政治的评价。当然诗歌更含蓄一些，所以会大量运用比和兴的手法，从中捕捉美刺之义更为困难。就拿"螟蛉有子，蜾蠃负之"来说，该句来自《诗经·小雅·小宛》，全文曰：

宛彼鸣鸠，翰飞戾天。我心忧伤，念昔先人。明发不寐，有怀二人。

人之齐圣，饮酒温克。彼昏不知，壹醉日富。各敬尔仪，天命不又。

中原有菽，庶民采之。螟蛉有子，蜾蠃负之。教诲尔子，式穀似之。

题彼脊令，载飞载鸣。我日斯迈，而月斯征。夙兴夜寐，毋忝尔所生。

交交桑扈，率场啄粟。哀我填寡，宜岸宜狱。握粟出卜，自何能穀。

温温恭人，如集于木。惴惴小心，如临于谷。战战兢兢，如履薄冰。

由于西汉时立于官学的齐、鲁、韩三家诗皆已失传，因此只能退而求其次，从《毛诗》中一探究竟。《毛诗》对该诗的题解为："《小宛》，大夫刺幽王也。"认为"小宛"是指幽王才智卑小，首句"宛彼鸣鸠，翰飞戾天"暗讽幽王如鸣鸠之鸟，翅膀如此之小，却想高飞至天，终究是不能成功的。"螟蛉有子，蜾蠃负之"则暗喻天命将去、王位无常，螟蛉不能抚养自己的孩子，自然有蜾蠃负而养之，以成己子；幽王不能教化自己的百姓，自然也有其他有德之君取王民为己民。

于是我们便懂得，董仲舒在决狱的过程中突然念起诗来，并不是要卖弄文采，而是要运用《诗经》的美刺之义来说明，人有子不养，就会失去他的孩子，他人负而养之，就能变养子为己子，故而法律不该将养父子关系同亲生父子区别对待。

此外，春秋决狱还可以通过故事的使用来达到目的。所谓故事，不是将某条微言大义从《春秋》中单独抽离出来，而是将《春秋》所蕴含的褒贬与《春秋》所记载的历史事件结合起来。这个时候，春秋故事所起到的作用与先例无异，即甲与乙属于同类案件，甲的裁决由更早、更权威的机构做出，在没有明显必要的反对理由时，自然应该同案同判，将甲案的判决理由适用到乙案上。

我们仍旧举例来说明。有一次，朝廷遇到了这样一起疑难案件：甲的父亲乙与旁人发生了争斗，事态逐渐升级，对方掣出一把佩刀就要刺向乙。甲眼见父亲情势危急，抄起一根棍子就加入了战斗，然而，混乱之中，甲的准头出现了偏差，本应落在对方身上的棍子却将自己的父亲给打伤了。于是有官员主张，甲的行为构成殴父罪，由于其致使父亲受伤，故而须在殴詈父母但未造成伤害后果的弃市刑的基础上升格一等，处以枭首之极刑。

董仲舒对此表示反对，他认为儿子与父亲是天底下最亲密的关系，看到父亲与人争斗，儿子内心恐惧慌乱在所难免，但只要其拎着棍子打将过去的本意是救护父亲而不是伤害父亲，就不能构成法律上的殴父罪。为了佐证自己的观点，他援引了"许止进药"的春秋故事。

在春秋末期的许国，有一位名叫"止"的世子，他的父亲，也就是许国国君，名"买"，谥号许悼公。在鲁昭公十九年（公元前523年）的一个夏日，国君买生病，忧心不已的许止为父亲寻来一剂处方，并耐心地将药煎好进于其父，孰料国君买喝下药后，病情加重，很快就撒手人寰，许止因身负弑父弑君之罪而不得不流亡他国。《春秋》对此事的记载简明扼要："夏，五月，戊辰，许世子止弑其君买。"经文用了一个"弑"字，似乎确凿无疑地指出许止是导致父亲死亡的责任人。不过，后面还有一条与此事件相关的经文："冬，葬许悼公。"《公羊传》于是围绕着"葬"字大做文章，认为按照"君弑贼不讨，不书葬，以为无臣子也"的春秋书写传统，在许止还没有伏罪之前本不应使用"葬"字，经文之所以仍旧用了"葬"字，是因为许止并不是真正的"弑"，而是"加弑"。前文说"许世子止弑其君买"，是要对许止进行治罪，后文又说"葬许悼公"，则是因许止无害父之意而对其予以赦罪。

也就是说，根据《公羊传》的解读，《春秋》依托"君子原心"的判决理由对许止做出了"赦而不诛"的判决结果。这一春秋故事显然可以被当作本案的先例：它们都是儿子本着善意去救助父亲，结果却因自己的行为出现偏差而导致了伤害父亲的实际后果，所以本案应当遵循先例中的判决理由和判决结果对甲予以宽赦，而不是僵化地按照法律中的殴父罪对其论刑。

我们还可以借助现代法律学说来诠释这个案子。现代犯罪构成理论认为，犯罪必须兼具主观要件和客观要件，主客观相一致方能认定为犯罪。所谓主观要件，是指一个人在实施行为时的心理状态须具备道义上的可非难性和可谴责性，即存在故意或过失的心理状态，不存在主观过错的单纯行为及损害后果并不能认定为犯罪。在甲欲救父反殴父的这个案件当中，法律所谓的殴父罪其实至少包括三个要件：第一个要件是双方构成父与子的身份关系，第二个要件是儿子实施了殴打父亲的行为，此外还有一个隐含要件，即儿子本着伤害父亲的心理状态实施了殴父行为。显然该案并不满足最后一个主观要件，故而董仲舒才说"甲非律所谓殴父也，不当坐"。

　　这则春秋决狱的基本原则被总结为"原心定罪"。《春秋繁露》进一步解释道："春秋之听狱也，必本其事而原其志。志邪者不待成，首恶者罪特重，本直者其论轻。"也就是说，董仲舒将犯罪构成分为"事"和"志"两个面向，主张在二者相结合的基础上对不同类型的犯罪处以不同的刑罚。若是故意犯罪，纵然没有既遂，也要追究责任；共同犯罪中的倡导者和组织策划者应当加重刑责；动机良善的行为违法者则可从轻论处。该原则对两汉法制影响重大，东汉学者霍谞在年仅15岁时，为救蒙冤入狱的舅舅宋光而写给权臣梁商的奏文中就提到："闻《春秋》之义，原情定过，赦事诛意，故许止虽弑君而不罪，赵盾以纵贼而见书。此仲尼所以垂王法，汉世所宜遵前修也。"不仅成功说服了梁商，亦为《后汉书》所称许。从法学理论的发展历程来讲，董仲舒跳出了以单纯的外在行为或损害后果来评定犯罪的单一模式，将对行为人主观意图的评判引入法律评价当中，以上古社会重视犯罪人主观意图的司法原则修正了法家过于偏重客观归罪理论的弊端，这毫无疑问代表着法律先进文化的发展方向，甚至在世界法律文明史中都居于领先地位。

可既然如此，为什么"原心定罪"原则又在近代遭到章太炎、刘师培等人的激烈抨击，甚至被视为专制主义的帮凶呢？这依然得从汉代说起。在西汉著名的政治辩论文集《盐铁论》当中，对该原则的阐释是："春秋之治狱，论心定罪，志善而违于法者免，志恶而合于法者诛。"如果说"志善而违于法者免"还保留了一些合理性，那么"志恶而合于法者诛"就变得非常可怕了。其实，通过现今保留下来的春秋决狱案例，我们可以看到董仲舒的本意无一例外都是出罪，他希望借助儒家经义引入正当性、主观有责性等富含人道主义的弹性因素，从而柔化僵硬且苛刻的秦法，使法律在与公序良俗保持一致的基础上达到"缓刑罚"的目的。然而，恐怕连董仲舒本人也未曾料想到，"本事原志"的春秋之义在后世发展与现实政治当中会滑向主观归罪理论的另一个极端，心志甚至脱离行为成为入罪的依据，这完全违背了春秋决狱的初心，成为政治斗争中为排除异己而强加罪名的利器，甚至诞生了"腹诽罪"这种捕风捉影乃至完全抛开事实不谈、仅凭恶意揣度动机就乱扣帽子的思想犯罪名称，对整个中华文化造成了极端恶劣的影响。然而，这究竟是谁的错呢？

《麟趾格》：法典命名中的政教之学

　　法典是一个国家立法成就的重要载体和集中体现。记忆中国历史上的法律典籍名称并不是一件难事，因为它们的命名大都遵循着既定程式。

　　第一类，朝代名＋法律形式。《晋律》《北魏律》《北齐律》《隋律》《唐律疏议》《宋刑统》《大明律》《大清律例》皆属此类。它们是这一朝代最基本最重要的立法文本，昭示着一个王朝的正统。

　　第二类，年号名＋法律形式。比如《晋律》又称《泰始律》，是因为它于泰始四年（公元268年）正式颁行天下。除此之外，如果某朝法律经历过数次编修，那么，我们也会以年号来进一步区分该朝的不同版本。例如，《隋律》于隋文帝开皇年间制定，隋炀帝大业年间修订，故而有《开皇律》和《大业律》之分；《唐律》更是可以细分为《武德律》《贞观律》《永徽律疏》《开元律疏》（今天我们看到的《唐律疏议》，按照

麟之趾
[日]冈元凤纂辑，橘
国雄绘：《毛诗品物图
考》，日本天明五年
刊本

学界通说是《永徽律疏》，但也有相当一部分学者认为应当是
《开元律疏》）。

而在这些模板化的法律名称之外，东魏的基本法典有着鲜
明的反套路特征，它叫《麟趾格》。

首先，"格"也是一种法律形式。传统中国的基本法律形
式从秦汉的律、令、科、比，演变到隋唐的律、令、格、式，
东魏的《麟趾格》和西魏的《大统式》在其间起着至为关键

的转折作用。按照《唐六典》的说法，"律以正刑定罪，令以设范立制，格以禁违止邪，式以轨物程事"，律是国家法律的主体形式，是地位最高的法律规范；令是根据形势需要制定的、具体规定某一方面事务的行政法规；式则主要关乎国家机关办事细则和公文程式。而格的性质最为活跃，可以用来修正律、令、式。尤其是对律进行修补，是格所发挥的最为重要的功能。

方才我们提到，律作为一朝之根本法，不仅调整着时人最为看重的社会关系，还宣示着政权的正统性与合法性。因此，制新律常于王朝创立之初与改正朔、易服色等事项一同进行。而其一旦颁布，就须保持相当的稳定性，除非改朝换代，不能大幅度更易，这就是汉律能沿袭四百年的原因。但是，社会结构与生产关系在此期间可能已经发生了巨大的发展变化，法律作为一门实用性极强的学科，必须与时俱进，方能有效应对不断涌现的新的社会问题。那么，该如何解决这两种需求之间的矛盾呢？古人给出的方案是，再设置一种地位低于律，但在实践中发挥着更大效用的法律形式来对律进行补充与修正。在北魏之前，这一职能是由科承担的。诸葛亮的名篇《出师表》中有"作奸犯科"一词，便是因为蜀汉以汉室正统自居，不能制定新律，只以蜀科作为治理蜀地的基本法。北魏中后期开始出现"以格代科"的现象，格的地位不断攀升，并于东魏《麟趾格》达到巅峰。我们今日经常使用的词语如"格外""破格""别具一格""不拘一格"等，皆是由此种法律意涵衍生而来。

说完了"格"，我们再来看看"麟趾"。据《资治通鉴》记载："东魏诏群官于麟趾阁议定法制，谓之《麟趾格》。冬，十月，甲寅，颁行之。"原来麟趾既非国号也非年号，而是一所宫殿的名称。新法律文件的起草编修工作在这座殿阁内进行，故以此智慧结晶的诞生地为成果命名。再结合《北齐书·封隆之传》《北史·封述传》《洛阳伽蓝记·景明寺》《魏书·孝静帝纪》等原始文献，我们得知，麟趾阁原是坐落于北魏都城洛阳的宫殿，太昌元年（公元532年），刚被权臣高欢拥立的北魏孝武帝元修命出身律学世家渤海封氏的大臣封隆之参议麟趾阁，编定新制。但不久之后，朝堂动荡，永熙三年（公元534年）更是发生了孝武帝西奔事件，北魏正式分裂。高欢于当年十月扶植孝静帝元善见即位，并仓促迁都邺城，史称东魏。在此之后的天平年间（公元534—537年），同样出身于律学世家渤海封氏的三公郎中封述，以及被誉为北朝"文士之冠"的邢邵和温子升皆修撰过《麟趾格》，直到兴和三年（公元541年），《麟趾格》的定稿才正式颁行。

但我们并不满足于此，还要进一步追问，以"麟趾"命名宫殿及法律文本，是否蕴含着深意？

答案是肯定的。"麟趾"一名，源自《诗经·国风·周南·麟之趾》。其文曰：

麟之趾，振振公子。于嗟麟兮！

麟之定，振振公姓。于嗟麟兮！

麟之角，振振公族。于嗟麟兮！

该诗运用"兴"的手法，用麟之足、麟之额、麟之角来称颂王孙公子。

麒麟，是中国传说中的著名神兽，被古人视作"毛虫之长"。这里的"毛虫"，并非毛毛虫，而是"有毛之虫"。《大戴礼记·易本命》将所有动物分为羽、毛、甲、鳞、倮五类，合称"五虫"，"毛虫"的范围大体上与走兽相当。而麒麟的形象，也是多种走兽的集合体。按照《尔雅·释兽》的说法："麟，麕身，牛尾，一角，角头有肉。"京房《易传》云："麟，麕身，牛尾，狼额，马蹄，有五彩，腹下黄，高丈二。"陆玑则在《毛诗草木鸟兽虫鱼疏》中写道："麟，麕身，牛尾，马足，黄色，圆蹄，一角，角端有肉。"总之，在麒麟演变成我们熟悉的龙头、狮尾、身披鳞甲的高大上形象以前，各家对麒麟的外貌描绘都比较接地气，基本上是鹿、牛、马等人们常见的几种偶蹄目和奇蹄目动物的混搭。

不过，既然《诗经》以麟为喻来赞美君主的后世子孙，那必然不是说他们的外貌有何相似之处，而是着眼于他们在德行上的类同。按照《毛诗注疏》的说法，麟于五常属信，为瑞则应礼，今之公子亦信厚而与礼相应，故而有似于麟。但是，这种相似度为何要具体到麟之趾，毛诗及其注家也没道出个所以然来，只是含混地说作为走兽的麒麟是"以足至者也"。倒是对于麟之角，郑玄笺注给出了一个说服力强得多的解释——"麟角之末有肉，示有武而不用"，故以麟角表其德。

对于麟之德，西汉经学家刘向在《说苑·辨物》中进行了系统阐释："含仁怀义，音中律吕。行步中规，折旋中矩。择土而践，位平然后处。不群居，不旅行。纷兮其有质文也。幽闲则循循如也，动则有容仪。"在博物学家陆玑所著的《毛诗草木鸟兽虫鱼疏》里，又重新表述为："音中钟吕，行中规矩，游必择地，详而后处，不履生虫，不践生草，不群居，不侣行，不入陷阱，不罹罗网。"两相对照可以发现，虽然二者的文辞有大范围雷同之处，但刘向专注于强调麟之趾行止应礼，与毛传郑笺交相辉映。陆玑则增添了麒麟的另外几种德性："不入陷阱，不罹罗网"是为智，"不履生虫，不践生草"是为仁。

麟之趾"不履生虫，不践生草"的形象一旦建构起来，后世的诗经学家们发现，整首诗立刻就可以解释通了。

麒麟虽有强健的蹄子，但它不仅不会踩踏到任何小动物，甚至连花花草草都不会伤害，这是仁啊。

麒麟虽有看似凶恶的额头，但它不会去抵触别人，这也是仁啊。

麒麟虽有雄壮的兽角，但在角的末端覆有肉质保护层，以免伤害到其他生灵，这还是仁啊。

麒麟的各个部位都彰显出它的仁德，这与《春秋公羊传》"麟者，仁兽也"的表述完全吻合。而且，身为百兽之长的麒麟，明明可以用武力和威势迫使属下臣服，可它偏偏选择以仁率物，这不正是儒家所推崇的圣王之道吗？

于是，麒麟与圣王结下了不解之缘，并在天人感应说的加持下，成为人间治乱兴衰的征兆。按照《春秋公羊传》的说法，麟"有王者则至，无王者则不至"，鲁哀公十四年（公元前481年）春，鲁国君臣于西巡游猎途中捕获一只麒麟。麒麟受了伤，很快死去。孔子闻之，涕泣沾襟，感慨麒麟的出现不得其时，并认为"吾道穷矣"，遂停止《春秋》的写作，并于两年后辞世。"西狩获麟"因此成为经学史上最为著名的议题。不少公羊学家主张，麟为孔子受命之兆，孔子即"不王之圣"，也称"素王"。

当然，在绝大多数情况下，麒麟现世都被视为帝王仁德、四海清平的瑞应。纬书尤为重视这个议题，例如《孝经援神契》云："德至鸟兽，则凤凰翔，麒麟臻。"《春秋感精符》曰："明王动则有义，静则有容，麒麟乃见。"又曰："麟一角，明海内共一主也。王者不刳胎，不剖卵，则出于郊。"京房《易传》称："圣人清静，行乎中正，贤人至，民从命，厥应麒麟来。"也因此，二十四史记载了不少有关麒麟的祥瑞，好大喜功的帝王和投机钻营的臣民更是乐得拿此类事件大做文章。

据《汉书》所载，汉武帝于太始二年（公元前95年）春行郊祀礼，不久之后，各地呈报上来三起祥瑞事件：陇首获白麟，渥洼水出天马，泰山见黄金。武帝在大喜之余下令将酎金的样式改造成麟趾与褭蹏（袅蹄）形状，以协瑞应。得益于海昏侯刘贺墓出土的大垞金子，我们终于知道了麟趾金与马蹄金长什么样儿。

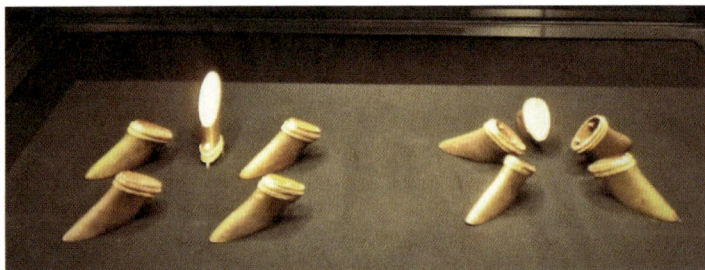

（汉）麟趾金　海昏侯墓出土，南昌汉代海昏侯国遗址博物馆藏，作者摄

（汉）马蹄金　海昏侯墓出土，南昌汉代海昏侯国遗址博物馆藏，作者摄

在了解了麟趾的仁德属性以及"王者至仁则出"的祥瑞属性之后，我们就很容易明白，北魏这座以麟趾命名的宫室，寄托的依然是儒家的仁政理想。而将麟趾之名与法律文件相配，则多了一重妙处。在古代中国人的观念中，法与刑因其严厉肃杀的属性，素来被视作"不祥之器"，但在儒家文化的浸润下，以仁为核心重塑立法与司法，化虐刑为祥刑成为法律的最高追求。

在北魏之后，麟趾阁/麟趾殿的名称一直沿用了下来。根据《隋书·经籍志》的说法，北齐武成帝高湛时期，曾命大臣在麟趾殿进一步删定《麟趾格》，最终成果应当就是隋律与唐律的蓝本《北齐律》。而北周明帝宇文毓在即位之初，曾召集八十多名文学之士于麟趾殿刊校经史，其中就有南北朝文学的集大成者庾信。这些学者被任命为麟趾殿学士，从而开启了后世"以殿命官"的传统。唐代则在东都洛阳上阳宫内建有麟趾殿，诗人宋之问曾于此作《麟趾殿侍宴应制》之诗。到了明代，唐伯虎在《出塞》诗中写道："烽火通麟殿，嫖姚拜虎符。"此时麟趾殿已成宫殿的代称，足见此名源远流长，影响甚大。

而且，以麟趾作为宫殿名，不仅可以放在前朝彰显仁君之治，还可以放在后宫弘扬后妃之德。崇德元年（公元1636年），清太宗皇太极于盛京（今沈阳）正式称帝时，册立五位

沈阳故宫关雎宫匾额，作者摄

沈阳故宫麟趾宫匾额，作者摄

来自蒙古黄金家族的博尔济吉特氏女子为"崇德五宫"后妃，确立了清朝满蒙联姻的国策。其中，皇后哲哲居清宁宫，宸妃海兰珠居关雎宫，贵妃娜木钟居麟趾宫，淑妃巴特玛·璪居衍庆宫，庄妃布木布泰居永福宫。淑妃与庄妃的住所皆以吉祥话语命名，自不必多言，但宸妃与贵妃的宫殿名称则大有讲究。

关雎、麟趾之名皆出自《诗经》，更准确地说，二者皆出于《诗经》的《国风·周南》篇，在具体位置上呈一首一尾的格局分布。《毛诗序》对这种安排的解释是：

> 《关雎》，后妃之德也，风之始也，所以风天下而正夫妇也，故用之乡人焉，用之邦国焉。
> 《关雎》《麟趾》之化，王者之风，故系之周公。

《麟之趾·序》：

> 《麟之趾》，《关雎》之应也。《关雎》之化行，则天下无犯非礼，虽衰世之公子，皆信厚如麟趾之时也。

通俗点来讲，就是在经学家的眼中，《周南》是周公为政之时，采集能够彰显文王风化的诗篇，配以音乐，由闺门推之于乡党、邦国，以便天下后世有志于"修身、齐家、治国、平天下"的士人效法。

（晋）顾恺之：《女史箴图》（宋摹本，局部），故宫博物院藏

齐家治国理论是儒家政治伦理的核心，该理念强调了家庭在国家治理中的基础性地位，即"天下之治，正家为先。天下之家正，则天下治"。这也是深受儒家文化影响的中华法系对家庭伦理秩序格外重视的原因。而"正家"又以"正夫妇"为先，毕竟，没有夫妇也就没有子女，更无所谓家。如此一来，夫妇之道便成为所有人伦关系得以展开和完善的逻辑前提，正如东汉经学家何休在为《春秋公羊传》所作的注解中提到的那样："夫妇正则父子亲，父子亲则君臣和，君臣和则天下治，故夫妇者，人道之始，王教之端。"最后，"正夫妇"通常会落在对女性德行的要求上。在本意为宣扬妇德的《女史箴图》卷首，乾隆皇帝用"面条体"题写了四个大字——王化之始，含义便在于此。

回到《诗经》的经学视野。《诗经》中的"正风"《周南》《召南》被认为阐释的就是正家之道，而《周南》首篇《关雎》阐释的是作为"纲纪之首、王教之端"的夫妇之道，即娶妻娶贤，不耽于美色。这与《论语》"贤贤易色"的表述完全契合。

（清）焦秉贞：《历朝贤后故事图·麟趾贻休》，故宫博物院藏

　　由于《周南》的内容是文王之化，因此经学家还认为，从狭义的角度来讲，《关雎》中的君子即文王，淑女自然是文王之妻大姒。大姒有后妃之德，协助君子成就圣王之治，获得麒麟现世的祥瑞，其后世子孙虽值衰世，但被《关雎》之化，皆信厚如麟趾之时。朱熹在《诗集传》中亦延续了这种说法："文王后妃德修于身，而子孙宗族皆化于善，故诗人以麟之趾兴公之子。言麟性仁厚，故其趾亦仁厚；文王后妃仁厚，故其子亦仁厚。"即麟趾之诗在赞美"振振公子"时，其实是母子一体称颂的。

由此可见，《关雎》与《麟趾》首尾呼应，形成了完整的因果链条：君子求娶淑女，夫妻琴瑟和鸣；贤妻相夫教子，子孙后代仁德宽厚。总之就是一个"家有贤妻，三代兴旺"的高端版。当现代观众以海兰珠所居的关雎宫赞叹她与皇太极"关关雎鸠，在河之洲，窈窕淑女，君子好逑"的爱情时，可会想到关雎宫与麟趾宫的命名其实蕴含着《诗经》的政教之学吗？

下　编

世情与王法

烈女赵娥：中国式经典复仇

东汉末年，在武德丰沛的酒泉郡禄福县，有一位名叫赵娥的女子，由于她嫁给了酒泉郡表氏县人庞子夏，并育有一子庞淯，故而史书有时也称她为庞娥亲。原本赵娥与中国古代绝大多数女性一样过着相夫教子的平凡日子，然而突有一天，家乡传来噩耗，赵娥的父亲赵安为同县人李寿所杀，而且不知何故，李寿逃脱了法律制裁，依旧肆无忌惮地横行乡里。赵安的子女们异常悲愤，发誓要为父亲报仇。本来，依照中国传统社会观念，报仇的重担一时半会还落不到赵娥身上——毕竟她还有三个弟弟。谁知祸不单行，在该年一场肆虐的瘟疫当中，三个弟弟全部染病身故。之前一直处于高度戒备状态的李寿听闻此讯大喜过望，立即举办了一个盛大的宴会，与宗亲族人举杯庆贺道："赵氏一门的男人都死绝了，只剩下一个不足为虑的弱女子，我可以高枕无忧了！"庞淯听说了李寿的言论，将其告知母亲。赵娥涕泪交流，咬牙切齿道："李寿你别高兴得太

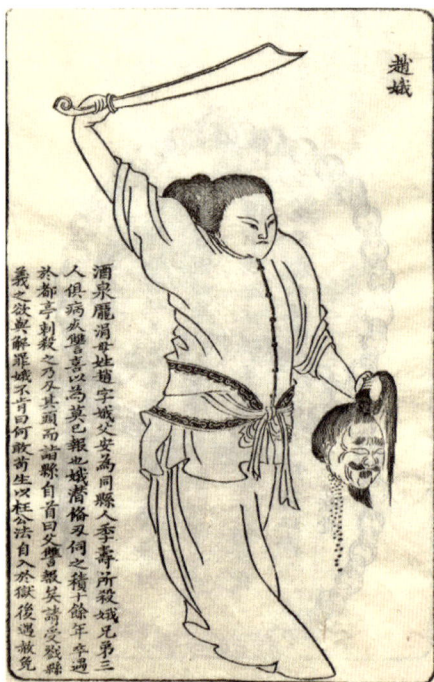

赵娥
（清）金古良编绘:《无
双谱》，朱圭刻，康熙
三十三年刊本

早了！与你同处一片天地，是我弟弟们的耻辱，但我终究不会让你苟活于世！"于是赵娥抛弃家事，采购利刃，每天不是在磨刀就是在仇家经常出没的道路上埋伏，面对邻家众人的善意劝告或恶意嘲讽，她都毫不动摇，且斗志弥坚。就这样过了十余年之后，终于在一个冬日的清晨，赵娥与李寿狭路相逢，经过一番惊心动魄的搏斗，赵娥成功斩下了李寿的头颅。赵娥大仇得报，可这个故事的关键之处才刚刚开始。

　　拎着李寿的脑袋，赵娥徐徐来到禄福县衙自首。当时的禄福县长是汉阳人尹嘉，赵娥随即与他展开了一段拿错剧本式的灵魂对话。

　　赵娥："杀人偿命乃国家法度，请您把我抓起来明正典刑。"

　　尹嘉："你为父报仇，何等高义，何其壮烈！我岂忍对你论罪处刑，而伤孝子烈女之心！"说着，尹嘉解下自己的官印绶带，表示愿意抛官去职，随赵娥一同亡命天涯。

　　但赵娥坚执不允，大声抗议道："仇塞身死，是我的本分；结罪制刑，是您的职责。我何敢贪生以枉公法？"于是，赵娥自己走进监狱住下了。

　　这时，县衙内外早已被看热闹的群众围得水泄不通，大家无不为赵娥的义行壮语慷慨嗟叹。起初，监狱守尉还不敢公然放走赵娥，只是不锁门不看守，暗示赵娥寻机逃跑。孰料又遭到了赵娥三番两次的严词拒绝，于是守尉干脆不装了，让围观的热心群众将赵娥强行抬回了家。

　　以上故事在皇甫谧《列女传》、《三国志·魏书·庞淯传》、《后汉书·列女传》等史籍中皆有记载，各家记述大同小异，唯部分细节略有出入。其中尤以皇甫谧的《列女传》成书早且记叙最为详尽，不仅成为此后赵娥复仇案的叙事蓝本，还成为中国式典型复仇故事的书写范本。

　　何谓中国式复仇故事的书写典范？让我们来举个例子。

据《后汉书·郅恽传》记载，为了使弥留之际的好友不至含恨而终，身为汝南郡西平县属吏的郅恽手刃了朋友的杀父仇人，将脑袋提给病榻上的朋友看。在朋友瞑目而死之后，郅恽从容来到县衙自首。县令对此事的应对策略是"拖"字诀——不受理、不问案，甚至躲进后衙不出来。郅恽知道县令是想宽纵于他，于是义正词严道："为友报仇，吏之私也。奉法不阿，君之义也。亏君以生，非臣节也。"接着，他走出县衙，来到牢房里蹲着去了。县令听了下属禀报，连鞋都没来得及穿，拔出一把剑就冲到监狱门口，把剑搭在自己脖子上威胁郅恽："你出不出来？你再不出来我就死给你看！"郅恽这才勉为其难地走出监狱回家去了。

诸位有没有从这两个故事的相似之处捕捉到中国式复仇的典型"套路"？

首先是以赵娥为代表的复仇者。虽然血亲复仇是古今中外所有人类社会早期阶段的共同经历，但在传统中国，复仇先是在民间社会形成了以"报"为核心的两大人际互动准则（即报恩与报仇）之一，后又在"因人之情而为之节文"的礼治秩序中得到了进一步的正当化与规则化。《礼记·曲礼上》有云："父之仇，弗与共戴天；兄弟之仇，不反兵；交游之仇，不同国。"不仅对发乎人类本性的复仇行为予以充分肯定，还根据复仇者与被害者的亲疏远近关系划定了不同的复仇限度，以贯彻"爱有差等"的礼学原则。其中，父亲作为至亲至尊者，人子为其复仇不仅是天经地义的，还是义不容辞的。而且，这份仇恨不受任何时间和空间的限制，唯有一方或双方死亡方能休止。如果将中国传统时代的社会规则同西方法学流派做一个强行类比，那么，与"礼"最接近的无疑是自然法，它讨论的是"应当"，追求的是行为模式之上普遍的甚至恒常的伦理准则和正义标准。赵娥等人在复仇行动中所表现出来的刚烈决绝、坚韧不拔、矢志不渝，皆是由此正当性来源所派生出的经典品质。

但是，事情并没有这么简单。中国同样在很早的时候就形成了类似于规范分析法学派的强有力的实定法传统。它仅讨论"是"的问题，将法律限定在国家强制力保证实施的行为规则的范畴中，而无关乎任何情感或者价值。它来源于主权者的命令，又维护着统治者的利益，是一种纯粹的工具理性。为了加强中央集权，保证国家对合法暴力的绝对垄断，从商鞅开始，实定法就规定"为私斗者，各以轻重被刑大小"，不仅形成了"自秦以来，私仇皆不许报复"的法律传统，还将自卫、反击在内的一系列私力救济的空间压缩到最小。如此一来，在"杀人者死"的规范体系下，人们只需问："赵娥的行为是不是符合故意杀人罪的构成要件？"答曰"是"，便可就此定罪量刑而毋庸多言。因此，以赵娥为代表的孝子烈女，复仇成功以后主动去官府投案自首的情节不可或缺。他们在复仇时是义无反顾的，大仇得报后以身殉法的决心亦是坚定不移的。从这方面来

孝女赵娥
（清）丁善长绘：《历代画像传》第三册，光绪二十二年刊本

讲，赵娥并不是认为自然法天然高于实定法的安提戈涅，她更接近守护着圣人般的两全法的苏格拉底——既遵循内心的道德法则，做自己认为对的事，又愿意为此承担后果，用生命来成就国家法的威严。如果赵娥复完仇，立马逃之夭夭，被官府逮捕时大声疾呼："复仇有理，恶法非法！"那她就不是中国故事中的典型烈女。

　　再谈谈以尹嘉为代表的地方官员。中国古代的行政长官兼理司法，捍卫国家法度、依律定罪制刑本是其职责所在，但自幼所受的以德礼为先的儒学教育使其拒绝因规则而泯灭人性，更排斥成为不考虑行为人的动机和情由、只一味僵化刻板地死守法律条文的刀笔吏。在这种情况下，尹嘉做出了一个意蕴深刻的决定——解印绶去官。该行为的内涵可以直接追溯到孟子"窃负而逃"的典故。面对"舜为天子，皋陶为士，瞽瞍杀人，则如之何"这一情景性假设的刁难，孟子从容应答：舜应该弃天下犹弃敝蹝，"窃负而逃，遵海滨而处，终身䜣然，乐而忘天下"。即身为天子的舜不能动用所掌握的国家权力来妨碍皋陶执法，但他可以放弃权位，仅以人子的身份带着犯罪的父亲逃匿。进而言之，当一个人的社会职责同个人信念发生冲突时，可以抛弃后天所获得的社会身份，只谨守作为一个普通的自然人最朴素的人伦与人性。这就是古代中国的国家公职人员捍卫自己良心自由的方式。如果尹嘉在处理赵娥一案时看似大义凛然地宣称："法不容情，违法必究！"那他也不是中国故事中的典型循吏。

总之，在中国式经典复仇故事中，无论是复仇者还是司法官员，都须在尽可能维护两全法的基础上惯行恕道。所谓"恕"，并非今人所理解的宽容之谓，而是能换位思考，设身处地为他人着想。这便是上述复仇故事中拿错剧本式对话的根由，也是中国传统司法的灵魂所在。

但是，任由这些从君子国里出来的人这么让下去，事情便没个完。若想最终解决复仇难题，还需最高权力的掌握者一锤定音。赵娥一案的结局是"遇赦得免"，由于文献记载的信息量有限，我们很难判定这里的"赦"究竟是赵娥运气好，恰逢其时地遇上了皇帝因庆典等而宣布的针对不特定人的大赦，还是皇帝在批阅了大臣上报的案卷之后，专门为赵娥下达了赦诏。倘若是后者，那便是中国古代对复仇案件的典型处理方式。

自秦汉开始，中国便设置了疑难案件上报制度——奏谳。汉高祖曾下诏："狱之疑者，吏或不敢决，有罪者久而不论，无罪者久系不决。自今以来，县道官狱疑者，各谳所属二千石官，二千石官以其罪名当报之。所不能决者，皆移廷尉，廷尉亦当报之。廷尉所不能决，谨具为奏，傅所当比律、令以闻。"景帝年间再次下诏："诸狱疑，虽文致于法而于人心不厌者，辄谳之。"为了鼓励下级官员积极奏谳，汉景帝还对奏谳官员的错案责任予以豁免："狱，重事也。人有愚智，官有上下。狱疑者谳，有令谳者已报谳而后不当，谳者不为失。"也就是说，有一类案件，仅凭法律条文确实应当入罪，可这样一来又会导致裁决结果与人们心中朴素的道德标准或善良感情不相吻合，这种情况就应当适用疑狱奏谳制度，先按照行政级别，由基层的县令上报郡守，若郡守也有疑虑，再上报中央最高司法官员廷尉，若廷尉仍不能决断，则草拟出争议焦点和可能的解决方案，上报给国家的最高统治者——皇帝。皇帝通常还会召集朝廷重臣进行廷议。这种重大疑难案件的处理方式几乎贯穿了中国的整个帝制时期，我们在历代刑法志中所看到的数起名案，例如北魏的费羊皮卖女案、北宋的阿云之狱等，展示的都是案件经由类似流程进入廷议阶段时，大臣们围绕应当如何定罪量刑展开的唇枪舌剑。最后，皇帝会综合大家的意见，以诏敕的形式做出最终裁决。

以皇帝为核心的决策层在承担司法职能时，一般会更多地偏向于实质合理性的考量，即不是在完全遵循一般性规则的基础上通过严格形式逻辑的推理做出法律决定，而是受到每个案件特殊性的影响，追求政治、伦理、功利等社会实质正义，在个案裁判中充分考虑到具体的得失、平衡与结果公正。这种"法司依律，天子衡情"的职能分配，在保证规则的普遍适用性的同时又赋予了法律以伸缩性，从而实现古人所推崇的"情理允协"的裁判目标。

复仇案件无疑属于"虽文致于法而于人心不厌者"的典型情形之一，故而按照汉代以后越来越规范的司法程序，身处法律之中的地方官员不能超越职权擅自衡情，只有提请既在法律之中，又在法律之外的皇帝来衡情方是正途。皇帝若对复仇的孝子烈女予以赦免，不但扫除了"是"的层面上的一切障碍，还大力发扬了"应当"，堪称复仇案件的经典结局。赵娥之后的若干起名垂史册的著名复仇案，例如北魏时期的孙男玉为夫复仇案、唐朝初年的王君操为父复仇案，皆遵循了有司上状、皇帝贷死的既定程式。而且，在获得皇帝赦免之后，复仇者因其孝烈而获得"刊石立碑，显其门闾"的荣誉以及各类志书为其作传的待遇，也都成了顺理成章之事。

当然，也不是任何复仇案件都能获得上述经典结局。皇帝在法律中的职能既然是一种实质性考量，那么可能影响裁判的因素就不仅复杂多样，还具有相当大的不确定性，彼时的政治需要、社会环境、文化氛围，乃至皇帝的个人偏好，都会导致最终的结果大相径庭。仅以曹魏为例，曹操为应对天下纷乱的局面，加强集权统治，严禁百姓复私仇；曹丕代汉之后，为尽快稳固秩序，不仅延续了曹操对复仇的禁止态度，还变本加厉地以严刑制止复仇，下令"敢有私复仇者，皆族之"。曹叡时期政治氛围相对宽松，转而实行"尊儒贵学"的治国策略，又给予复仇一定的空间："贼斗杀人，以劾而亡，许依古义，听子弟得追杀之。会赦及过误相杀，不得报仇，所以止杀害也。"总体而言，皇帝对复仇的宽容程度与其对公权力的推崇程度呈反比关系，而对公权力的推崇程度又与统治政策中法家学说的浓度呈正比关系。

到了武则天当政时期，曾一度试图用一条兼顾礼法的一般性规则一劳永逸地解决皇帝在处理复仇案件时所面临的裁量难题。彼时同州下邽人徐元庆手刃杀父仇人后自首，武则天本欲赦之，右拾遗陈子昂上《复仇议状》提出反对意见。陈子昂首先表示，礼以进人，罚以齐政，二者同等重要，只有使守法者不以礼废刑，居礼者不以法伤义，才能实现"暴乱不作，廉耻以兴"的目标。接着,陈子昂进入正题,指出在徐元庆复仇案中,若不表彰元庆之义,则无以劝教;若因推崇元庆之节而废国之刑,则亲亲相仇,政必多难。因此,陈子昂最后提出的解决方案是:"宜正国之法,置之以刑,然后旌其闾墓,嘉其徽烈,可使天下直道而行。"

陈子昂的逻辑其实特别简单——既然复仇依礼应当旌表,依法应当诛杀,而我们要追求礼法两全,那就既旌表,又诛杀。而且,陈子昂还认为,这也是复仇之后"束身归罪"的孝子烈女主动追求的结果:"元庆之所以仁高振古,义伏当时,以其能忘生而及于德也。今若释元庆之罪以利其生,是夺其德而亏其义,非所谓杀身成仁、全死无生之节也。"换言之,既然他们想要两全,那就成全他们的两全。

听起来似乎没毛病,还有那么点"道德的归道德,法律的归法律"的意味。武则天显然被说服了,徐元庆在被处死的同时又获得了一份死后哀荣。而且,按照陈子昂"编之于令,永为国典"的建议,旌诛并行在此后的一段时间内大抵成为皇帝裁决复仇案件的基准原则。

但是,到了唐宪宗元和年间,在因梁悦复仇案而引起的集议中,柳宗元写就《驳复仇议》一文,对陈子昂的观点进行了针锋相对的逐条批判。首先,柳宗元对礼刑关系进行了深入阐释:

> 臣闻礼之大本，以防乱也。若曰无为贼虐，凡为子者杀无赦。刑之大本，亦以防乱也。若曰无为贼虐，凡为理者杀无赦。其本则合，其用则异，旌与诛莫得而并焉。诛其可旌，兹谓滥，黩刑甚矣。旌其可诛，兹谓僭，坏礼甚矣。果以是示于天下，传于后代，趋义者不知所向，违害者不知所立，以是为典，可乎？盖圣人之制，穷理以定赏罚，本情以正褒贬，统于一而已矣。

礼刑关系是贯穿整个中国法制史的一条重要脉络。二者从西周时期的统一到春秋战国时期的分立再到汉以后逐步融合的过程，也是独具特色的中华法律文明形成与完善的过程。东汉著名律学家陈宠有言："礼之所去，刑之所取，失礼即入刑，相为表里者也。"这一论断素来被视作中华法系礼刑关系的经典表述。柳宗元正是在继承和发扬该思想的基础上指出，虽然礼和刑的外部表现形式和作用方式不同，但它们在本质上是统一的，故而在对某一行为进行评价时，刑法上的赏罚与道德上的褒贬必须保持一致，借用罗翔老师的话翻译一下，就是："如果一种行为在道德上是被'点赞'的，那就不可能是犯罪。"所谓旌诛并行，不但不是礼法两全，反而是黩刑坏礼，会造成制度与人心的极大紊乱。

对于刑礼之用如何"统于一"的问题，柳宗元指出，不能将复仇看作一个孤立事件，而要仔细考察前置案件中被杀者的情况，也就是孝子烈女为之复仇的对象究竟因何而死。倘若徐元庆之父无辜被杀，有司上下却官官相护，对徐元庆的冤抑呼号充耳不闻，那么元庆复仇就是守礼行义之举，为何还要诛杀他？如果徐元庆之父是有罪受戮，那徐元庆何来复仇一说，又为何还要旌表他？

故而，柳宗元批评陈子昂提出的对复仇者旌而不诛就会使社会陷入亲亲相仇的死循环的言论，认为这完全是因为陈子昂对礼经一知半解，错误地将复仇简单理解为"彼杀之，我乃杀之"而造成的。

最后，柳宗元强烈呼吁废除对复仇案件旌诛并行的处理原则，"有断斯狱者，不宜以前议从事"。

同样是在这次梁悦复仇案的集议中，另一位名人韩愈作《复仇状》一文，建议朝廷制定一条针对复仇案件的新的处理办法："凡有复父仇者，事发，具其事申尚书省，尚书省集议奏闻。酌其宜而处之，则经律无失其指矣。"

柳宗元与韩愈二人的主张相互呼应，从表面来看，对复仇案件的处理方式又回到了地方逐级上报，最终由皇帝进行个案裁决的轨道上来。但事情的内核已经悄悄起了变化，从柳宗元的论述中我们已经可以看出，裁量复仇案件的关键不再是皇帝根据政治需要或个人偏好，在礼与刑中择其一，而是在刑与礼须保持一致的理念下，将关注重点落在复仇者是否具备礼学意义上的复仇正当性上来。韩愈则进一步指出，《周礼》所云"凡杀人而义者，令勿仇，仇之则死"是百姓之间的复仇原则，即前置案件的死者如果该杀，则其亲属不得复仇，反之则可，这一原则仍可继续适用；《公羊传》"父不受诛，子复仇可也"阐释的是百姓对官员的复仇原则，即父亲罪不当诛却被官府判处死刑，其子女可以复仇，这一原则不能继续适用。此外，《周礼》还规定了向官府报备的复仇前置程序："凡报仇雠者，书于士，杀之无罪。"这一原则可以作为参考，但不必作为强制性要件。

总之，"复仇之名虽同，而其事各异"，"杀之与赦，不可一例"，刑律未设复仇专条并不是法律漏洞，而是考虑到现实中变化万端的情形，为避免法吏拘泥于条文而特地留出的引经决狱的空间。这才是韩愈建议决策层采用一事一议的方法裁断复仇案件的根本原因。

自此之后，从《宋刑统》的"具案奏取敕裁"到清代的夹签声请制度，传统中国对于复仇案件的处理流程基本相袭不改，"刺谳其诚伪，考正其曲直，原始而求其端"的实质正义裁断原则更是成为中华法系的典型特征。

"新律"出世：魏明帝曹叡的法律人生

在群雄并起、异彩纷呈的三国故事中，曹叡的出镜率实在算不得高。唯一一部曹叡戏份较重的影视剧大抵当属《虎啸龙吟》，剧中为我们呈现的曹叡是这样子的：心理扭曲，性情乖张，阴郁刻毒，歇斯底里症间歇性发作。饰演成年曹叡的演员更是毫不讳言，他就是按照神经病的模式来塑造这个角色的。

然而，翻开正史典籍，我们会发现传统史学家对于曹叡的总体评价相当不错。这在很大程度上得益于曹叡超乎寻常的个人魅力。

首先，曹叡的相貌非常俊美，很小的时候就一表人才，超凡脱俗。各家史书毫不吝惜地用"岐嶷之姿""天姿秀出""容止可观，望之俨然"这些极美的词语来形容他。但是最令法科生嫉妒的，是他有很多很多的头发。孙盛的《魏氏春秋》说他"立发垂地"，虽然有点口吃，不太爱说话，但也因此养成了沉稳刚毅的性格。再加上喜爱读书、见识不凡，当时除了他爹曹丕外，几乎没人不喜欢他。

其次，曹叡特别聪慧，具有过目不忘的惊人天赋。据王沈《魏书》所载，曹叡"性特强识，虽左右小臣官簿性行，名迹所履，及其父兄子弟，一经耳目，终不遗忘"。请阅及此处的法科生们尽量平复一下自己的心情。毕竟，无论是超多的头发还是超强的记忆力，曹叡都大概率得益于其姿貌绝伦、博闻强识的母亲甄夫人的遗传，我等还是一边苦背法考的各类知识点，一边抽空保养自己所剩无几的头发方是正经。

最后，曹叡知识渊博，很有才华，在诗词歌赋方面颇有造诣。虽然他的文学成就比不上曹操、曹丕，但也是当之无愧的诗人，明代诗论家胡应麟以此三人作为诗传三代的罕见典型。

不过，最为史学家所赞颂的，是曹叡优礼大臣，开容善直，有君子容人之量。即便大臣犯颜极谏，曹叡也未曾予以凌虐或杀戮。这与曹操、曹丕的多疑猜忌、睚眦必报形成了鲜明对比。在《三国志》注中，保留了不少大臣劝谏曹叡的文书，其中不乏言辞激烈之作。纵使曹叡看过之后非常不爽，也没有改正错误的打算，但他给大臣的回复都客客气气的。有时实在气到炸毛，忍不住用死来威胁谏臣，但当其他阿谀之臣顺水推舟提议收捕时，曹叡却下令不得追究。除了对大臣进谏持开放态度外，曹叡还积极接纳吏民百姓上书。在每月动辄近百封的士庶文书当中，有不少文辞鄙陋，但曹叡都会一一耐心阅读，毫无厌倦之意。当一个人拥有了说一不二的至高权力后，还能对各种意见和批评秉持这种态度，是相当难能可贵的。在唐太宗李世民横空出世之前，曹叡才是那个雅量非常、不杀诤臣的光辉典范。

可以想见，面对这样一个要颜有颜、要才有才，还心胸宽广脾气好、聪慧沉毅难忽悠的君主，大臣们基本上都是真心崇敬与感佩的，朝堂上的政治氛围也比前两代和缓了不少。

当然，曹叡作为一个帝王，对他的评价还是应该聚焦于军政领域。在对外军事战争方面，曹叡在继位之初就遇上孙权攻打江夏郡，此后又遭遇了诸葛亮的五次北伐。面对地方惊惧震动、朝臣众说纷纭的混乱局面，年轻的曹叡镇定自若，一针见血地指出对方弱点并敲定战略方针，从容调遣曹真、司马懿等人成功抵御了东吴与蜀汉的多次进攻。王沈的《魏书》说他"行师动众，论决大事，谋臣将相，咸服帝之大略"，看来并非虚言。

而在内政方面，曹叡完善了曹魏的各项礼仪制度，平定叛乱，选拔人才，劝课农桑，使曹魏的政权得以巩固并到达了兴盛期。

其中，曹叡最为重要的功绩，是他对中国传统法制的贡献。曹叡自幼就对法律表现出浓厚兴趣和特别关注，并潜心研读过前代的各种律文典章，这在帝王中十分罕见。继位之后，又命陈群、刘邵等人在参酌汉律、删修曹操所定《甲子科》的基础上，制定出《魏律》十八篇，这是两汉四百余年之后首次制律，故而史书称其为曹魏"新律"。

对中国法制史有一定了解的读者，想必对曹魏新律不会感到陌生。从战国初年李悝作《法经》六篇，到西汉初年的《九章律》，再到曹魏新律、西晋《泰始律》《北齐律》、隋《开皇律》，直到《唐律疏议》成为传统中国立法最高成就的这条中华法系法典发展脉络中，曹魏新律不仅正处于承前启后的重要关节点上，还被不少法律史学者视为中国首部真正意义上的规范化法典（虽然另一些研究秦汉法律史的学者不大同意）。

所谓"中国首部真正意义上的规范化法典"，是指曹魏新律首次真正具备了一部法典所需的逻辑性、体系性与完备性。

从体例上来讲，《法经》有《盗》《贼》《囚》《捕》《杂》《具》六篇。其中《盗》和《贼》主要处理侵害人身和财产的犯罪行为，可看作刑事实体法；《囚》和《捕》主要关乎逮捕、讯问犯罪嫌疑人的流程和事项，可看作刑事程序法；《杂》可以理解为"其他"；《具》则是定罪的基本原则、刑罚加减的总括性规定，类似于今天的刑法总则。《九章律》又在其后增添了有关人口管理和经济建设的《户》《兴》《厩》三篇，但如此一来，规定罪刑总概的《具律》既不在前，又不在后，实在难称合理。曹魏新律则将能够统率全文的罪例集中起来，更名为《刑名》，置于律典之首，在中国历史上首次形成了总则在前、分则在后的法典模式。

从篇章结构上来讲，秦汉旧律篇章杂糅、结构凌乱，常有不同类别的罪名杂处一篇，或相同类别的罪名分处几篇的情形。而且自汉武帝时期立法文件极速增长以来，很快就出现了"律令烦苛，文书盈于几阁，典者不能遍睹"的情况。因此，与其说秦汉旧律是经过严谨编纂的规范化法典，毋宁说它是大致分类后的法律规范汇编。曹魏新律则针对上述问题进行了大刀阔斧的彻底改革。例如，原本《盗律》中包含劫略、恐吓、人口买卖等方面的内容，但它们实质上并不属于盗罪，因而新律将其分离出来，另立《劫略律》一篇；《贼律》中所包含的欺谩、诈伪、矫制方面的内容，与《囚律》中的诈伪生死条款，都是通过欺诈方式达到目的的罪名，且具体类目繁多，在拆分合并之后，形成《诈律》一篇；《盗律》中的受财枉法罪、《杂律》中的假借不廉罪，以及其他法律形式中的呵人受钱罪、使者验赂罪，都属于国家工作人员这一特殊主体的财产犯罪，也另外组成《请赇律》一篇，如此种种。新律在对旧律以及令、科等其他法律形式的各项条款进行甄别研判、分门别类、删繁就简，以及剔除所有失效条目的基础上，将法条重新整合为逻辑关系更加严谨合理的《刑名》《盗》《劫略》《贼》《诈》《毁亡》《告劾》《捕》《系讯》《断狱》《杂》《请赇》《户》《兴擅》《留》《惊事》《偿赃》《免坐》十八篇，实现了"都总事类""文约而例通"的目标，是中国法典编纂史上的重大进步。

除立法技术的提升外，新律在内容方面亦有创见。最重要的表现是"八议"制度在此时正式进入法律并为后世所沿袭。"八议"之说来源于西周时期的"八辟"，是指亲（皇亲国戚）、故（皇帝故旧）、贤（德高望重者）、能（才能出众者）、功（于国有大功者）、贵（上层贵族官僚）、勤（勤于国事者）、宾（前朝皇室及后裔）这八类人犯罪时，普通司法机关无权依据刚性的法律规范做出直接裁判，只能将案情奏报皇帝，由皇帝会同朝廷重臣"议而定罪"，即在考虑犯罪人的特殊身份、掂量其以往功过、权衡政治影响等多重因素的基础上做出弹性化的、当然一般是从轻处罚的决定。"八议"入律是曹魏政权与门阀士族的关系由紧张对立走向和解合作的直接成果，正是从这一时段开始直至唐朝末期，中国历史经历了帝制社会中的贵族社会这种特殊形态。此外，新律还增加了杀继母与杀亲母同罪、父子不得别籍异财的规定，并将殴打兄姊的刑罚增至徒刑五年，以起到明刑弼教、敦睦亲族的目的。同时，新律也删除了一些死刑条款，减轻了部分刑罚，进一步落实恤刑原则。因此，曹魏新律被视为"法律儒家化"进程中的一部标志性法典。

当然，作为一个热爱法律的君主，曹叡在中国法制史上的贡献不止于立法，还在于司法。他非常重视狱讼审理，常常对大臣言道："狱者，天下之性命也。"并将洛阳九观之中唯一一座位于宫城以东的高层建筑平望观更名为听讼观，取孔子"听讼，吾犹人也，必也使无讼乎"之义，每当大案要案在听讼观审理之时，曹叡经常到场旁听。

青龙四年（公元236年）六月，曹叡下诏曰："其令廷尉及天下狱官，诸有死罪具狱以定，非谋反及手杀人，亟语其亲治，有乞恩者，使与奏当文书俱上，朕将思所以全之。"这被认为是古代中国死刑奏报制度的开端。所谓死刑奏报制度，是指除特殊情况外，所有可能涉及死刑的案件都须由地方做出拟判之后上报中央，再由中央司法机关复核后上奏给皇帝，唯有皇帝才能下达确定的死刑裁决，也唯有皇帝亲笔勾决之后人犯才能被执行死刑。死刑奏报制度是将秦汉时期郡守掌握的死刑决定权收归一人所有，这一方面是慎刑理念的制度化，案件的每一次上报都是一次复核的过程，从而有利于发现冤假错案，避免错杀滥杀。这种将审级制与复核制结合起来的制度被后世不断继承发展，最终在清代的逐级审转复核制中达到巅峰。另一方面，这也是保证法律统一适用的应有之义。地方长官裁判案件难免会因每个人的自由裁量标准不一致而出现同案不同判的现象，中央统一进行复核则能有效消弭地区差异，保证国家刑事政策的落实，这在关乎生命的死刑裁断方面尤为重要。从更为宏观的政权角度来讲，皇帝垄断死刑决定权是加强中央集权乃至强化皇权的重要手段，从而实现"政自己出"，彰显普天之下只有皇帝一人能够断人生死的至高无上的权威。

除此之外，在法学教育方面，曹叡还采纳卫觊的建议，于廷尉之下设置律博士教授子弟。在前面我们已经提到，中国古代博士制度的实质是通过王官之学坐上开往仕途的直通车，因此，哪个学科设有博士对信奉"学而优则仕"的读书人来说无疑起着指挥棒作用。律博士的设立在一定程度上缓解了"刑法者，国家之所贵重，而私议之所轻贱；狱吏者，百姓之所悬命，而选用者之所卑下"的弊政，不但一举提升了律学的地位，还引导更多子弟走上律学学习的道路，未来其中的佼佼者步入仕途，提升了官员队伍中通晓法律者的比例，于国于民都是一件益事。

所以，别看曹叡在波澜壮阔的三国故事中出镜率不高，但在三国法律史中，那可真是存在感爆棚的一个人。

有这样的个人魅力和亮眼政绩，无怪乎曹魏三朝元老刘晔说曹叡是"秦始皇、汉孝武之俦，才具微不及耳"，刘宋著名史学家裴松之称其为"一时明主"，就连敌国将领陆逊也在给孙权的上表中称曹叡"选用忠良，宽刑罚，布恩惠，薄赋省役，以悦民心"。曹叡最终谥号为一个"明"字，也算恰如其分了。

不过，曹叡的缺点也是显而易见的：耽于享乐，喜好美色。他曾大兴土木，建造了众多恢宏壮丽的宫殿园林，耗费人力财力，耽误农时。张居正因此将其打入《帝鉴图说》的反面典型"狂愚覆辙"系列。而对于漂亮姑娘，曹叡尤其没有抵抗力，如果说别的帝王后宫佳丽三千已是极致，曹叡则"自贵人以下至尚保，及给掖庭洒扫，习伎歌者，各有千数"，这总计得有多少啊？他还下令："录夺士女前已嫁为吏民妻者，还以

芳林营建图 （明）张居正编：《帝鉴图说》，明万历元年潘允端刊本

配士，既听以生口自赎，又简选其有姿色者内之掖庭。"这里
的"士女"和"士"并非士大夫之士，而是士兵之士，其源于
曹操所设立的士家制度。东汉末年，曹操将士兵及士兵家属一
起另行编定户籍，称为"士家"，并对他们实施严酷的人身控
制。士家世代为兵，不准改业；婚配只能在士家内部进行，不

得与平民通婚。士若战死，其妻由官府择配；士若逃亡，妻子要承担缘坐处死的严刑峻罚。曹叡不但不思改变曹操时期的恶政，还借维护士家制为自己进一步渔猎美色大开方便之门。历代好色的皇帝一大把，强夺人妻的也不少，但是这样制度性地剥夺底层民众的妻子供上层选用的，还真不多见。面对曹叡的如此荒唐之举，有良知的曹魏大臣纷纷上书劝谏，而曹叡的态度主打一个虚心接受、坚决不改，真是让人无法可想。此后魏晋奢靡斗富之风盛行，不得不说是曹叡开了个坏头。

正所谓没有对比就没有伤害。反观隔壁蜀汉，自不必说身故之日内无余帛、外无盈财的诸葛武侯，也不必说"家不积财"的费祎、"宅舍弊薄、资财无余"的姜维、"终不治私产，妻子不免饥寒，死之日家无余财"的邓芝等一众廉政模范，就连那个被公认扶不上墙的阿斗，也只有后妃十二人，屡次想扩充后宫规模，都被严格的侍中董允给驳回去了。所以当他成为身处洛阳的安乐公后，那句"此间乐，不思蜀也"的名言，很可能并非有人揣度的大智若愚或明哲保身，而是发自肉体的最诚实的喟叹。

大概率是在温柔富贵之乡淘坏了身子，曹叡三十余岁就英年早逝。在其身后，养子曹芳年仅八岁，辅政大臣曹爽、司马懿各怀鬼胎，曹魏的运势即将走到尽头。

族诛的缝隙：缘坐制度中的出嫁女

　　缘坐是中国古代因一人犯罪而使与犯罪人有血缘关系或家庭生活关系的人连带受刑的制度。而大家最熟悉的名词"连坐"，实则更侧重对与犯罪人有职务关系或邻伍关系的人的牵连。缘坐最可怕的表现形式便是族诛，即便从字面上看也能得知，犯罪人的整个家族都会被肉体消灭。

　　族诛可以说是同中国的国家起源及法律起源相伴而生的。在上古之时，中华文明通过祖先崇拜的方式将有血缘关系的个体凝聚起来，形成宗族这一共同体，并以之作为基本的生产生活单位和管理单位。后来，宗族扩大成氏族，数个氏族联合成部落，部落联盟再形成酋邦，最终转化成国家这一政治形态。而刑罚诞生于部族之间的暴力冲突和征伐战争之中，正所谓"大刑用甲兵"，刀锋到处，老少无遗，一个部族被殄灭殆尽，刑之残酷莫过于此。《尚书》便留下了不少"予则孥戮汝""罪人以族"等早期国家使用族刑的记载。在这一阶段，族诛带有很大的随意性和不稳定性。

而较为可信的对"罪人以族"在理念与制度层面发起抵抗的源头，应为西周初年在"明德慎罚"的思想指引之下所做出的"罪止一身"的努力。这一精神被孟子与荀子继承，也是后世正统儒者百折不挠的追求。然而，春秋战国之时，面对越来越严峻的政治和战争形势，各个诸侯国的统治者们纷纷选择利用族诛的震慑力来加强对基层的掌控及实现中央集权，缘坐和连坐被正式制度化和法定化。这项行动的发起者和最彻底的落实者为秦国。据《史记·秦本纪》记载："（秦文公）二十年（公元前746年），法初有三族之罪。"《晋书·刑法志》则曰："秦文初造参夷。""参夷"即三族刑，法律术语为"夷三族"，自其创立直至汉晋，它都是中国法律中最为严厉、亲属波及面最广的缘坐制度。虽然其间曾有吕后、汉文帝等人试图废除三族罪甚至全部的收孥相坐之法，但在中国帝制统治的政治环境中，族诛缘坐实在是一件容易上手的利器，故其虽在历代屡经波折，却始终未能真正废除。不过同初期相比，缘坐之刑的适用范围被大幅限缩，夷三族更是被限定在危害君主或国家政权等几项严重犯罪当中。

接下来我们不禁要问，夷三族所牵涉的亲属范围究竟有多大？

对此，《史记》注家裴骃引用曹魏史学家如淳的说法："父族、母族、妻族。"也就是将父族、母族、妻族三个家族整体诛灭，范围之大令人不寒而栗。但是，让外公的家族为外孙的罪行负责，让岳父的家族为女婿的罪行负责，这有违中国以父系血缘划定亲属范围的一般规律，实践中也未见明证。因此，除影视剧喜欢采用如淳的观点之外，学者们大都倾向另一位三国时期的历史学家张晏的解释："父母、兄弟、妻子也。"

不过，上述范围仅适用于汉代。在魏晋时期所见的部分案例中，缘坐亲属明显超出了父母、兄弟、妻子的范畴，却仍以"夷三族"称之。学者冨谷至敏锐地指出，彼时以丧服为表现形式的亲属关系和宗族伦理受到了前所未有的重视，三族刑的标准也从户籍制转向了丧服制。如前文所言，丧服制度的基础是父系小宗内部由25类男性成员所构建的亲属关系网络。这25种成员可以由 $9+4\times4$ 得出，也可以转化为 5×5。如果将上述规律套用到对"三族"的分析中，就可以将其限缩成一个以"期亲"（为逝者服丧一周年的亲属）为限，由 3×3 种男性成员组成的亲族图谱：

```
祖父
 ├── 父亲 ──────────────── 伯叔父
 │    ├── 己身 ── 兄弟      堂兄弟（大功亲，存疑）
 │         │      └─ 兄弟之子
 │         子
 │         │
 │         孙
```

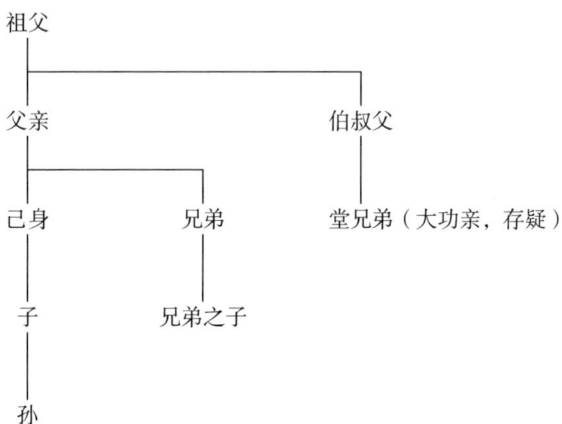

　　而在上述宗族谱系中，女性成员的情况则复杂得多，她们可分为两大类别：一类是同宗女子，包括女、孙女、姊妹、姑、侄女等，她们在室之时与相应的男性成员在宗族中的礼制地位完全一致，但会因为婚姻脱离本宗族，加入另一宗族；另一类为同宗男子的配偶，妻、母、祖母、伯母、叔母以及嫂、弟媳、子媳、孙媳、侄媳等皆属此类，她们本是他族成员，又因为婚姻而加入本族。

　　那么，一名身兼父家宗族之女与夫家宗族之妇双重身份的已婚女子，是不是无论父家成员还是夫家成员犯下谋反大逆之罪，她都逃不过被牵连诛杀的命运？从秦到曹魏的一段相当漫长的时间内，确实如此。例如在改变曹魏命运的一次重大历史事件——高平陵事变中，获胜方司马懿违背誓言，以大逆不道的罪名对落败的政敌曹爽集团实施了大清洗。据《晋书》记载:"诛曹爽之际,支党皆夷及三族,男女无少长,姑姊妹女子之适人者,皆杀之。"

高平陵事变之后,司马氏家族彻底掌握了曹魏的军政大权,并日益显露出篡权夺位的野心,为了反对司马氏专权,掌握军事重镇寿春的统帅先后发起三次兵变,史称"淮南三叛"。当然,这三次兵变皆以失败而告终,司马氏也借此彻底清除了几乎所有支持曹魏皇室的武装力量,为西晋代魏铺平了道路。不过,在淮南三叛事件中出现了一些也许在政治史学者看来无足轻重的小插曲,却成为法律史当中的一项关键变革。

故事要从曹魏嘉平三年(公元251年)说起。彼时太尉王凌联合兖州刺史令狐愚谋立楚王曹彪为帝,事泄被杀,"诸相连者悉夷三族"。车骑将军郭淮的妻子是王凌的妹妹,也在从坐之列,于是御史前往郭淮军中收捕。眼看着王氏被装上囚车押往都城,义愤填膺的军士们个个摩拳擦掌,恨不能立刻把将军夫人劫回来,但此时的郭淮并没有下定保护妻子的决心。王凌被诛之际已年届八旬,按常理推断,郭淮与王氏也是老夫老妻,不可能没有感情,但兹事体大,郭淮的无动于衷也不是不能理解。

让事情发生转机的是王氏的五个儿子。他们跪地叩头,不断哀求父亲救救母亲,经过一天一夜的僵持,郭淮看着眼前五个血流满面、几欲昏厥的儿子,终于妥协了。

在派亲兵抢回妻子后,郭淮向司马懿写信陈情,表示:我的儿子为了他们的母亲连命都不要了，没有他们的母亲就没有我的儿子，而我的儿子一旦有个三长两短，我也没法活了。所以我今天做了这样的事，若于法未通，愿意听凭处置。

瞧这话说的。

但无论如何，郭淮达到了他的目的——司马懿宽宥了他们，郭淮的妻子和儿子都保住了。

当然，之所以最后能取得这个结果，是因为郭淮是有抗争的资本的。彼时三国鼎峙，蜀汉在大将姜维的领导下，承武侯遗志，顽强地向曹魏发起一次又一次的进攻。郭淮作为抵御蜀汉北伐、镇守雍凉前线的重要军事将领，又是司马氏的心腹，这个面子，司马懿无论如何都得给。

虽然此事从法律角度来讲，仅是一个凭上位者个人意志打破规定的特例，但它可以看作后来法律变革的序幕。或许正是因为此事反响巨大，使得更多人开始从制度层面反思出嫁女肩负双重缘坐责任的不合理性。

四年之后，也就是高贵乡公正元二年（公元255年），曹魏的实际掌权者已经换成了司马师。镇东将军毌丘俭兴兵讨伐司马师，兵败被杀，"夷俭三族"。毌丘俭的儿子毌丘甸、儿媳荀氏、孙女毌丘芝按律都在被诛杀的行列之内。但这位儿媳出身于世家大族颍川荀氏，此时，她的家族中有一位血缘关系并不算亲近的族兄站出来试图拯救她。那位族兄名叫荀颛，是鼎鼎大名的荀令君的第六个儿子。除了荀彧之子这一光环加持，荀颉还有一项资本，那就是他的大哥荀恽的次子荀霬娶了司马懿和张春华的女儿南阳公主，也就是说，荀颉的侄儿是司马师的妹夫。借助这层姻亲关系，荀颉上表为族妹求情，荀氏获准与毌丘甸离婚。既然离婚后的她已不再是毌丘家族的成员，自然也不必为毌丘俭的罪行承担缘坐责任了。由此可见，与丈夫

（三国）毌丘俭纪功刻石　辽宁省博物馆藏，赵进华摄

离婚确实是已婚女性避免被夫家牵连的有效途径，但离婚的许可须来自最高统治者，事到临头自己单方面宣布离婚或让丈夫写休书都是行不通的。

事情至此并未结束。荀氏的女儿毌丘芝早先已嫁给颍川太守刘子元为妻并怀有身孕。按照当时的法律，怀孕的女性须得分娩之后才能执行死刑，因此毌丘芝正被关在监狱当中，等待命运的最终裁决。劫后余生的荀氏舍不下爱女，于是她向司隶校尉，也就是当时的最高检察长何曾求情，表示自己愿意没入官府为奴婢，换女儿一条生路。这种方式在古代被称为代刑，多见于卑亲属以身为尊亲属赎罪的请愿，正如缇萦为父所做的那样，而尊亲属为卑亲属代刑实属罕见。或许是被荀氏这份深沉的母爱打动，或许还有一些其他方面的因素，总之，何曾决定帮荀氏这个忙。但是，你以为他会直接去救毌丘芝吗？那你就太小瞧他了。何曾接下来要做的是从制度入手，更改那条诛及已嫁之女的法律，从而名正言顺地将毌丘芝释放出狱。

于是，在何曾的授意下，主簿程咸提交了这样一份上书：

夫司寇作典，建三等之制；甫侯修刑，通轻重之法。叔世多变，秦立重辟，汉又修之。大魏承秦汉之弊，未及革制，所以追戮已出之女，诚欲珍丑类之族也。然则法贵得中，刑慎过制。臣以为女人有三从之义，无自专之道，出适他族，还丧父母，降其服纪，所以明外成之节，异在室之恩。而父母有罪，追刑已出之女；夫党见诛，又有随姓之戮。一人之身，内外受辟。今女既嫁，则为异姓之妻；如或产育，则为他族之母，此为元恶之所忽。戮无辜之所重，于防则不足惩奸乱之源，于情则伤孝子之心。男不得罪于他族，而女独婴戮于二门，非所以哀矜女弱，蠲明法制之本分也。臣以为在室之女，从父母之诛；既醮之妇，从夫家之罚。宜改旧科，以为永制。

程咸的上议有情有理，对法理剖析入微，具体可分为以下几个层次：

第一，指出诛及出嫁女性并不能实现缘坐制度的本意。族诛本是为了通过灭人之族的严厉刑罚使人心生畏惧，达到禁奸止恶的目的。但是出嫁的女性无论是在名分上还是在生活上都与父家割裂开来，她不会察觉到父家的异动，不可能对父家的犯罪活动起到推波助澜的作用。而对她的父家来说，她已是"泼出去的水"，父家亲属不会因为顾念她而停止犯罪行为。因此，无论是惩罚犯罪还是预防犯罪，缘坐的目的都落了空，出嫁女性成了无辜的牺牲品。而且，女性出嫁后的生活重心全转移到了相夫教子上，一旦从坐被诛，丈夫失去了妻子，子女失去了母亲，家庭失去了主妇，都陷入了一片混乱中，反而伤害了安分守己之人，扰乱了正常的生活秩序，不利于社会的稳定与和谐。因此，需要适时革除过重的律法，防止刑重伤民，以实现法律的"中道"。

第二，阐明矜弱与恤刑的道理。在中国古代的父权制社会中，妇女被视作没有独立意志，必须依附于男性的"从人者"。但是，在将她们塑造成弱势群体的同时，法律被要求给予她们相应的扶持和照顾。例如，魏明帝时"除妇人加笞之制"，稍后司马昭当政时期，又规定对老人、小孩和妇女等弱势群体从轻处罚，罚金刑和杖刑减半。而出嫁女性的双重缘坐责任不但不符合矜弱的原则，反而使其被牵连的可能性成为男性的两倍，不符合法律的基本精神。因此，将女性的双重缘坐责任变更为单一缘坐责任势在必行。

第三，根据女性在家族中的位置来分配女性的单一缘坐责任。出嫁是女子人生的分水岭，标志着她脱离父宗加入夫宗，从此以夫为天，身份由某人之女转变为某人之妻或某人之母，义务由从父、从兄变为从夫乃至从子，生产、生活和祭祀活动都围绕着夫家展开，以丈夫的亲属为自己的亲属。而对父家的亲属，虽然在形式上仍保持着旧有的称谓，但从丧服上看，她须对包括父母在内的父家亲属降服，父家亲属也对她降服，这意味着她们之间的关系已由亲转疏。女性既以出嫁为界分别与父家和夫家发生最亲密的亲属关系，那么在具体确定女性的单一缘坐责任时，就应以其在家族中所处的不同位置划分成两个阶段，即父家宗族成员犯罪仅牵连未婚女性，出嫁女性则以妻子、母亲的身份为夫家的犯罪行为承担责任。

　　这封上书立即得到了认可，修订法律的工作也进行得很快，并在毌丘俭案中就得到了实施。因为根据《晋书·礼志》记载：

　　　　沛国刘仲武先娶毌丘氏，生子正舒、正则二人。毌丘俭反败，仲武出其妻，取王氏，生陶。仲武为毌丘氏别舍而不告绝。

　　很难说这里的毌丘氏是不是毌丘芝。这名毌丘家族的女儿虽然因为家族败落而被丈夫休弃，但未见她有性命之虞，足见毌丘芝甚至还有更多出自毌丘家族的女性皆因出嫁女不从父家之坐的法律而得到保全。

　　又过了三年，时间来到了曹魏甘露三年（公元258年）。司空诸葛诞起兵反抗司马昭，兵败之后被夷三族。在诸葛诞有史可查的子女当中，长女嫁司马昭异母弟琅琊王司马伷为妃；次女为王凌长子王广之妻，早年应已遇难；另有一子诸葛靓因在东吴为质而逃过一劫。西晋灭吴之后，诸葛靓藏在姐姐姐夫家里，千方百计地躲避与发小司马炎相见。由此可见，诸葛王妃不但依律未受父亲牵连，丈夫也没有抛弃她，这大抵是真爱了。二人的孙子司马睿后来还成了东晋的首位皇帝。

　　总之，正元二年的律令修订以婚姻为界对女性的族属做出划分并以此为基础构建起女性的单一缘坐责任。这一新规则被后世奉为圭臬，在北魏兰陵公主被驸马刘辉殴打流产一案中，尚书省官员反对缘坐与驸马通奸的两名已婚女性的娘家兄弟时再次重申了这一原则："在室之女，从父母之刑，已醮之妇，从夫家之刑，斯乃不刊之令轨，古今之通议。"

但女性缘坐责任的法律变革并未完全止步于魏晋之交。西晋时期，订婚女性亦可不从父家之坐，这一变革同样由一个案例而引发。

西晋惠帝永康元年（公元300年），赵王司马伦、孙秀当权，孙秀因为宿怨杀害了名士解系、解结两兄弟，并戮其妻子。解结的女儿已经许嫁给裴氏，据《晋书·解系传》记载：

> 明日当嫁，而祸起，裴氏欲认活之，女曰："家既若此，我何活为！"亦坐死。朝廷遂议革旧制，女不从坐，由结女始也。

根据《泰始律》的规定："适养、母出、女嫁，皆不复还坐父母弃市。"这可进一步印证出嫁女不从父家之坐的法律在后世得到了延续。裴家有仁有义，打算一口咬定解女已成了自家媳妇，这样她就可以不受父亲的牵连而保住性命。但解女毅然拒绝了裴家的好意，以未嫁女的身份被处死。一年后，齐王司马冏诛灭赵王司马伦、孙秀，上表对解系等人的清廉正直予以赞赏，也对其无辜被害表达了深切的同情。在对他们进行平反的过程中，大臣们注意到了这位只因婚期晚了一天就遭遇杀身之祸的刚烈女子，改订律令的工作因此开展。从此，许嫁已定但未过门的女儿在父家犯罪时可以接受未婚夫家的庇护，在未婚夫家犯罪时也不受牵连，从而获得了法律的双重豁免。

不过，虽然在上述案件和法律变革当中，女性因缘坐制度而受到牵连的风险有所减弱，但一旦被纳入缘坐范围，受牵连的女性依然难逃一死。这种情况在南北朝时期方有所改变。南朝梁武帝天监二年（公元503年），新修订的《梁律》规定："其谋反、降叛、大逆已上皆斩。父子同产男，无少长皆弃市。母妻姊妹及应从坐弃市者，妻子女妾同补奚官为奴婢。"也就是说，一个人如果犯了谋反大逆等罪，父子兄弟等男性亲属会被处死，母亲、妻妾、姐妹、女儿等女性亲属则被贬为官奴婢，这里体现出了一定的恤刑思想。

对于女性的矜恤同样可以在北朝觅得踪迹。公元4世纪初，在鲜卑族的拓跋氏政权尚未统治华北地区以前，谋反大逆之人会被施以最严厉的惩罚措施："犯大逆者，亲族男女无少长皆斩。"随着其逐渐入主中原，刑罚也渐渐趋于宽平。北魏世祖太武帝拓跋焘在位时，认为当时刑罚过重，令司徒崔浩改定律令，"大逆不道腰斩，诛其同籍"，而"女子没县官"，缘坐女性也被免死。

到了中华法系的集大成之作《唐律疏议》当中，女性缘坐的相关情况得到了系统性规定。谋反、谋大逆、谋叛已上道、杀一家非死罪三人、告贼消息这几种最严重的罪行会牵连犯罪人的女性亲属，受牵连者视正犯的罪行轻重分别被课以没官为奴、流放等刑罚，但都免死。六十岁以上或身有残疾的女性可以免于缘坐。此外，"若女许嫁已定，归其夫。出养、入道及娉妻未成者，不追坐"。疏议又进一步解释道："'女许嫁已定'，谓有许婚之书及私约，或已纳娉财，虽未成，皆归其夫。……'娉妻未成者'，虽克吉日，男女未相见，并不追坐。"也就是说，出嫁女性不在父家的缘坐范围之内，已经许嫁但未过门的女子在父家犯罪时归其夫，在未婚夫犯罪时不追坐，缘坐制度中的女性亲属被限定在母亲、妻妾、未婚姐妹及女儿的范围之内。这勉强算是黑暗制度中一点微弱的人性之光吧。

"恶毒"的继母：孝子故事背后的家庭法

　　二十四孝是在历史故事流传过程中层累地形成的孝行范例，后经元代学者郭居敬整理加工定型，成为传播甚广、影响甚深的童蒙教育素材。在这些故事当中，有一类孝子的名声是由作为"反派"的继母来"成全"的。例如"孝感动天"——面对一心想害死自己的继母和被继母蛊惑的父亲，舜仍旧保持着最大程度的敬爱；还有"芦衣顺母"——闵子骞的继母在寒冷的冬天给他穿塞着芦花的"棉衣"，可当父亲打算休弃继母时，闵子骞却为继母求情；最后别忘了著名的"卧冰求鲤"——花样百出为难王祥的继母表示想在寒冬腊月吃上鲜鱼，王祥便用体温融化冰封的河面，为继母献上双鲤鱼。在二十四孝的另一个版本中，还有"跪父留母"的张菊花——继母偷偷将她卖为奴婢，被父亲解救回来之后，张菊花跪求父亲不要休弃继母；以及"孝感继母"的李应麟——继母打骂虐待并唆使其父将他逐出家门，后来继母生病，李应麟立即回家细心照

卧冰求鲤
（清）俞葆真编，俞泰绘
图：《百孝图》，同治十
年河间俞氏刊本

料，终于打动了继母。

　　为什么在孝子故事当中，继母会以"坏女人"的形象频繁出现？这似乎不难理解。当嫡出子女的亲生母亲亡故或被休弃之后，父亲再娶后妻，后妻便与前妻子女结成了继母子女关系。可是二者并无血缘之亲，又面临着家内利益的明争暗夺，因此继母与继子女的关系容易趋于紧张，继母虐待甚至加害继子女的故事也屡屡见诸史书，并被文学作品反复渲染，使继母几乎成为恶妇的代名词。这一点中西如出一辙，《格林童话》就是明证。然而，与西方童话故事中的恶毒继母最后都会遭受残酷惩罚不同，中国孝子故事中的继母无论如何过分，依然是继子女起敬起孝的对象，典型的叙事模式是继母最终被继子女的孝心感动，改头换面重新做人，从而收获一个大团圆结局。若要分析这种差异，就不得不提到中国古代特殊的礼法秩序。

由于继母首先是父亲的继妻，所以我们先从继室的地位谈起。继室地位在秦汉时期有一次质的提升，这首先得益于"礼无二嫡"的古老礼制原则在秦汉时期的内涵发生了严重限缩，仅以生者当中不可二嫡并存为限。在原配去世的情况下，再娶之继室则不再位于嫡妻之下，而是与嫡妻在礼制上享有相同的地位。唐人韦公肃在《郑余庆私庙配祔议》一文中对该变迁历程有着精辟论述：

> 古者一娶九女，所以于庙无二嫡。自汉秦以下，不行此礼，遂有再娶之说。前娶后继，并是正嫡，则偕祔之义，于礼无嫌……既生娶以正礼，殁不可贬……嫡继于古则有殊制，于今则无异等。……古之继室，皆媵妾也，今之继室，并嫡妻也。

可见，"继室"一词古已有之，但实际内涵却产生了巨大差异。先秦时期，一名男性贵族一生只结一次婚，因此无论对方是活着还是死亡，他都只有这唯一的一位嫡妻，这就是最严格的"礼无二嫡"原则的意涵。不过，得益于当时的媵嫁制度，诸侯以上的贵族通过一次婚姻就可以得到九位贵族姑娘，如果嫡妻早逝，则由地位仅次于嫡夫人的右媵担任继室，执掌中馈，右媵若去世再由左媵以及她们的侄娣陪嫁团根据身份高低依次补上继室的位置。但成为继室仅意味着获得了与妻子相当的权力，在名分上仍被视为媵妾之属。这就是大儒郑玄所说的"女君卒，贵妾继室，摄其事耳，不得复立夫人"。然而秦汉以后，随着媵嫁制的崩溃，男性在丧妻之后通常会另娶，而再娶之妻也曾经过六礼，故而亦被视为嫡妻，身前身后的待遇皆与原配相同。既然继室同样是正嫡，地位自然会有大幅度提升。

继室地位的第二次提升源于禁止以妾为妻原则的再度提出。一般认为，禁止以妾为妻最早出现在春秋时代齐桓公与诸侯在葵丘的盟誓中。据《春秋穀梁传》记载：

> 九月戊辰，诸侯盟于葵丘……曰："毋壅泉，毋讫籴，毋易树子，毋以妾为妻，毋使妇人与国事。"

而再一次对以妾为妻予以禁止则出现在晋武帝的诏书中。据《晋书·武帝纪》记载，西晋武帝于泰始十年（公元274年）下诏：

嫡庶之别，所以辨上下，明贵贱。而近世以来，多皆
内宠，登妃后之职，乱尊卑之序。自今以后，皆不得登用
妾媵以为嫡正。

由上文可知，在先秦时期，嫡妻亡故之后由贵妾担任继室
乃是常理，但继室不被允许获得正妻的名分。秦汉以来，继室
地位同于嫡妻，但将媵妾提升为继室的做法却保留了下来。就
拿汉朝的后宫来说，汉代皇帝将之前的嫔妃立为皇后的例子极
多，大臣亦未视之为非礼而进谏。

因此，春秋与西晋虽然都下令禁止以妾媵为嫡妻，但侧重
点是完全不同的。齐桓公与诸侯们"毋以妾为妻"的盟约所强
调的是严格意义上的"礼无二嫡"原则，即由媵妾担任的继室
与嫡妻之间的区别，如不能给予夫人的称号、宗庙内不能配享
等。而到了晋代，嫡继之辨已失去意义，此时重树禁止以妾为
妻的大旗，矛头直接指向禁止以妾媵作为继室。也就是说，继
室必须从其他家族再行礼聘，此前所纳之妾则不被允许"扶
正"为妻，即谯周所言："妾不得有继母名。"从实践角度来
讲，两晋皇帝确实忠实地贯彻执行了这条禁令，他们都直接从
士族高门聘立皇后，并无一例将嫔妃升为皇后者。此后，以妾
为继室的士人大都会遭受舆论的谴责（不过，自宋朝迈入平民
社会之后，"扶正"在实践中的接受度在不断提升，明清时期
"扶正"已不再为法律所禁止）。

总之，晋武帝泰始十年诏是两汉以来第一次用诏令的形式严格妻妾界限。在此后的贵族社会当中，媵妾地位鲜有提升可能，另娶的继室则可彻底摆脱原配的阴影，成为尊贵的女主人。

与继妻地位不断提升相伴随的，是继母子关系在法律上的重塑。在前文我们提到，秦代对于继母(假母)、继父(假父)这类拟制血亲的态度似乎颇有些不以为然，汉代在司法实践当中对拟制血亲的立场方有所转变，最著名的例子莫过于董仲舒利用"螟蛉有子，蜾蠃负之"的经义为养父争得与亲生父亲同等的容隐权。其实，在涉及继母的法律问题上，同样有一则作为经义决狱的典型而广为流传的案例。据《孔丛子》记载：

> 梁人娶后妻，后妻杀夫，其子又杀之。季彦返鲁过梁，梁相曰："此子当以大逆论。《礼》：'继母如母'，是杀母也。"……

在这则案例中，梁相将"继母如母"之经与"杀母大逆"之律相结合，得出"杀继母以大逆论"的判决。虽然孔季彦随后驳斥了梁相的这一论断，但这是基于继母先有杀父罪行的重要情由，而非一概否定"继母如母"的经义在法律中的适用。

"继母如母"见于《仪礼·丧服》的"三年章"，本意是指为继母服丧的服制与亲母相同，皆为"父卒，齐衰三年；父在，齐衰杖期"。我们已经知道，丧服制度绝非仅仅是一套关于丧葬的礼节，它是整个儒家家族秩序和人伦关系的基础，尤其是在魏晋时期，丧服学大兴，《仪礼》中的《丧服》篇别行于世，被誉为"世之要用"。继母既然"继续已母，丧之如亲母"，就可以顺理成章地推导出"欲见生事、死事一皆如己母也"。

在此之后，曹魏新律又进一步规定"正杀继母，与亲母同，防继假之隙也"，第一次在法律上确立起继母与亲母的同等地位。同时，这句话也点出了法律在考虑继母子关系问题时所关注的两个要点："继母如母"的遵经面向与"继假之隙"的现实面向。

关于"继假之隙"，颜之推在《颜氏家训·后娶》篇中写道：

> 江左不讳庶孽，丧室之后，多以妾媵终家事；疥癣蚊虻，或未能免，限以大分，故稀斗阋之耻。河北鄙于侧出，不预人流，是以必须重娶，至于三四，母年有少于子者。后母之弟与前妇之兄，衣服饮食，爱及婚宦，至于士庶贵贱之隔，俗以为常。身没之后，辞讼盈公门，谤辱彰道路，子诬母为妾，弟黜兄为佣，播扬先人之辞迹，暴露祖考之长短，以求直己者，往往而有。

从家内秩序的角度来讲，禁止以妾为妻本是为了彻底阻塞妾媵的进升之路，消减妾媵的争竞之心，从而预防家族内乱。但在颜之推看来，再娶所带来的家庭纷争要远大于嫡庶之间的矛盾。他还进一步分析了继母的到来所引发的家内利益冲突：

> 凡庸之性，后夫多宠前夫之孤，后妻必虐前妻之子；非唯妇人怀嫉妒之情，丈夫有沈惑之僻，亦事势使之然也。前夫之孤，不敢与我子争家，提携鞠养，积习生爱，故宠之；前妻之子，每居己生之上，宜学婚嫁，莫不为防焉，故虐之。异姓宠则父母被怨，继亲虐则兄弟为仇，家有此者，皆门户之祸也。

继母虐待继子，往往发生在继母有亲生子的情况下，涉及儿子前途发展的实质利益冲突是相争的关键。史学界通常把唐以前的社会称为贵族社会，与宋以后的平民社会相对应。在平民社会，财产采取诸子平分制，仕宦采取科举制，嫡长子继承家长身份在某种程度上仅为一种荣誉象征。而在身份地位权力皆源于家族门第的贵族社会，是否袭爵关系重大。得以立嗣者，获得仕进之阶并以爵产的形式继承大部分财产，在社会上享有崇高地位，备享荣宠。不得立嗣者，地位低下，生活困顿。甚至会出现一父所生的兄弟，贵贱贫富有天差地别的情况。

面对残酷的现实和利益的诱惑，异母兄弟相互憎嫌者比比皆是。而在子以母贵、母以子贵的社会中，常常根据母子关系结成利益集团，竞争地位与资源。继母的亲生子已属嫡出，仅有的障碍便是同为嫡出，但排行在己子之前的前妻之子。因此继母将继子视为眼中钉，打骂饿冻、虐使其身、谗毁于父，甚至欲置之死地而后快。前妻之子也不甘示弱，依仗嫡长子的身份与继母针锋相对。

家内利益冲突的白热化迫使礼法做出回应，最简单的办法是把势均力敌的关系改造成服从与被服从关系，将爆发性矛盾变为潜伏性矛盾。在以孝作为道德根基的中国传统社会，继子女的权利受到压制在所难免。于是曹魏将杀继母须同杀亲母一样科以大逆罪的法则以律文的形式正式固定下来，晋代三令五申强调孝亲义务，孝子故事也更加注重孝顺继母的内容，出现了以王祥为代表的模范：继母非理驱使，而继子逆来顺受，愈发恭谨，努力完成继母交代的各项不可能完成的任务。如若不然，就会被指责为不孝。在魏晋时期，清议对于仕宦婚姻及社会地位有重大影响，而"孝"，正是社会舆论最为关注的内容之一。如果背上不孝的恶名，受到舆论贬议，就很难有出头之日了。

但是，如果继母的虐待只限于打骂冻饿，咬着牙忍忍也就罢了，可继母真要下死手该怎么办？

比如东汉太尉庞参的夫人，"疾前妻子，投于井而杀之"。

还有多起谋杀未遂的例子：东汉蒋翊为继母憎嫌，"伺翊寝，操斧斫之"，正巧蒋翊当时出去上厕所才逃过一劫。冯豹的遭遇也差不多，其继母"尝因豹夜卧，引刀斫之，豹正起，中被，获免"。

最后，我们继续有请西晋著名孝子王祥现身说法。第一次还是老套路，在一个月黑风高夜，四周寂寂无声，几乎所有人都沉浸在睡梦中。继母朱氏偷偷摸进了王祥的卧室，她的手里高举着一把大砍刀。然而鬼使神差般，王祥在前一刻恰好被尿急唤醒，这时正睡眼惺忪地站在卫生间，那把大砍刀只剁在了被子上。

这还没完。随着王祥的名声越来越大，朱氏对王祥的痛恨也越来越强烈。这时，王祥的父亲已经去世，朱氏再次下定决心，对王祥实施肉体毁灭。于是，她笑眯眯地给王祥递上了一杯毒酒……

这一次，将王祥从死亡线上拽回来的是他的弟弟王览。话说这位王览绝对可以赢得一枚中华好弟弟的大奖章。虽然身为朱氏的亲生子，他的三观却正得惊人。当王览还是个小朋友的时候，看到母亲虐待哥哥，他就拼命哭；长大一点，他就拼命劝；再长大一点，一旦发现母亲派哥哥去干什么脏活累活，他也跟着一起干。这次眼见母亲一反常态劝哥哥喝酒，王览心里暗叫不好，冲上去就抢酒喝。于是这杯酒被朱氏打翻了，王祥又幸运地度过一劫。

这里默默心疼王祥一百秒。不知在那些漫漫无尽的长夜里，王祥可曾对自己的人生发出过无奈的悲叹。

所以，那些可怜的孩子们，除了祈祷上天庇佑和期待继母良心发现之外，还能有其他办法吗？

普法栏目剧通常告诉我们，要拿起法律的武器保护自己！

那么我们来看看法律。

在以上章节中，我们已经详细讲述过以"家族法"著称的中华法系的基本特征，即在亲属相犯案件中，根据受害人与加害人的亲疏远近及尊卑长幼关系予以差异化量刑。尊长侵害卑幼从轻，卑幼冒犯尊长从重的原则甚至可以追溯到"前法律儒家化"时代。

早在睡虎地秦墓竹简中，学者们就发现了这样的法律："擅杀子，黥为城旦舂。"比起杀人偿命的一般规则，去服苦役已经是相当宽贷了。不过，这句话的主语是家父长，秦律所要维护的，很可能只是父系家长制下的尊卑等级秩序，而非法律儒家化后以"亲亲"为核心的"尊尊"。

而涉及母亲，我们可以在《宋书》中找到这样一则案例：东晋义熙十四年（公元418年），大司马府有一位叫作朱兴的军人，他和妻子周氏育有一名年仅三岁的小儿子道扶。突有一日，道扶的癫痫病发作，大概是因为癫痫发病的场景有些恐怖，没有什么医学常识的周氏认为他是邪灵附体之类的，她竟然挖了一个坑，把自己的儿子给活埋了！

世上没有不透风的墙。不久之后，周氏就被自己的小姑子，也就是道扶的姑姑给告发了，拟为弃市之刑。然而尚书仆射徐羡之认为，母亲因为儿子被处死，这有违"为子之道"。因此在徐羡之的建议下，周氏被免死流放。

徐羡之的论述提到了"法律之外，故尚弘物之理"，可知严格按照当时的法律规定，母亲杀死亲生儿子就是要跟杀害常人一样处以死刑的。继母当然更不用说，据《太平御览》记载："晋安帝时，郭逸妻以大竹杖打逸前妻之子，子死。妻因弃市，如常刑。"上述两则案例都发生在东晋安帝时期，如果认为中国传统法的内容基本是一脉相承的观点能够成立，那么生活在西晋的王祥倘若真的被继母害死了，还是有可能获得一份死后的安慰。

女性尊长杀害卑幼会从轻处罚的明确文献依据出现在《魏书》中。在北魏兰陵公主被驸马刘辉殴打堕胎一案中，尚书三公郎中崔纂在对案情的议论中引用了北魏的《斗律》："祖父母、父母忿怒以兵刃杀子孙者五岁刑，殴杀者四岁刑，若心有爱憎而故杀者，各加一等。"可见在北魏的法律中，父与母终于并称，而且杀子的处罚明显轻于常人。鉴于此时"继母如母"的观念已经确立，那些心怀不良的继母估计可以偷笑了。

而中国现存最早、最完善的法典《唐律疏议》，则对继母的地位作了总括性规定："其嫡、继、慈母，若养者，与亲同。"也就是说，嫡母、继母、慈母、养母，这四种母亲虽然与自己没有血缘关系，但她们的法律地位是与亲生母亲一模一样的。在唐律的具体章节中，如无特殊说明，只要提到"母"，这四种母亲都包含在内。

那么《唐律疏议·斗讼》篇对母亲杀死子女又是怎么规定的呢？其文曰：

> 若子孙违犯教令，而祖父母、父母殴杀者，徒一年半；以刃杀者，徒二年；故杀者，各加一等。即嫡、继、慈、养杀者，又加一等。过失杀者，各勿论。

可见在杀害子女的具体问题上，继母与亲母的法律地位略有不同，属于总括性规定的例外情况。继母等没有血缘关系的母亲之所以要比亲生母亲处刑重一等，疏议对此的解释为"情疏易违"，也是考虑到非亲生母子间的"继假之隙"。不过纵使是在继母无缘无故蓄意以刀刃杀死无辜继子这种最严重的情况下，依然只会被处以三年徒刑，比于常人已是相当轻，较之北魏《斗律》也更为宽贷。造成死亡结果尚且如此，谋杀未遂的情况就更不用指望了。

更加糟糕的是，即便继母谋杀未遂，幼小心灵受到严重伤害的继子女也不能去告发继母。因为唐律说了："诸告祖父母、父母者，绞。"传统伦理认为，子女陷父母于罪是大逆不道，所以倘若有子女胆敢状告父母，父母按照自首规则免罪，子女却要被处以绞刑。

唉，算了，还是回家继续祈求上天庇佑和继母良心发现吧。

不过到了宋代，情况发生了一些变化。宋太祖时期，有一名开封府的妇女杀死了她的继子，此时的法律因袭唐律，本该处以徒刑二年。然而宋太祖看到案卷后怒火万丈，朱笔一挥，直接将那名妇女处死了。到了宋太宗时期，泾州安定又有一名女子，因为痛恨继子的妻子，残忍地将其割断咽喉致死。于是宋太宗干脆一不做二不休，于太平兴国五年(公元980年)下达了一封诏令：

> 自今继母杀伤夫前妻之子及其妇，并以杀伤凡人论。尝为人继母，而夫死改嫁者，不得占夫家财物，当尽付夫之子孙。幼者，官为检校，俟其长，然后给之。违者以盗论。

这属于皇帝的以敕破律之举。其用特殊法的形式规定继母杀伤继子以及继子之妻与杀伤普通人同罪，并对继子的财产权加以保护。对于更改法律的理由，宋太宗阐述如下：

> 刑宪之设，盖厚于人伦；孝慈所生，实由乎天性。矧乃嫡继之际，固有爱憎之殊，法贵原心，理难共贯。

宋太宗完全抛弃了礼经中"继母如母"的规定，转而从"继假之隙"的角度分析继母与亲母的差别。在他看来，有血缘之亲的母子关系，慈孝乃是出于天性，母亲通常会对子女爱护有加。而继母对继子不仅没有好感，还常常满怀怨憎。面对两种不同的情感，法律自然要做出不同的规定，爱者轻，憎者重，方能达到维护人伦的目的。

而到了清代，《大清律例》一方面使律文因袭前朝，延续了继母杀害继子时分外宽贷的规定，以彰显其法统；另一方面又试图以例文的形式限缩拟制亲属的身份特权。雍正七年（公元1729年）制定的条例规定，凡在丈夫亡故之后，继母将前妻之子凌虐殴杀、故杀者，由继母所生爱子抵罪，拟绞监候。若因虐待导致前妻之子自尽，则将继母之子杖一百、流三千里。

会不会有人觉得该条例能借继母的亲生爱子来牵制其凌虐继子之心，实乃行之有效的上佳条款？可是，一人做事一人当的原则去哪里了？继母的亲生子又招谁惹谁了？哪怕是中国古代的缘坐，也是在正犯被处以极刑之后，方由其亲属承担"补充责任"，哪有正犯平安无事，却把无辜的正犯之子抓去杀了的道理？这都什么年代了，思维还停留在最原始的"同态复仇"上呢？总之，忽视法律的基本原理与逻辑，一味以追求实效为名把人当成手段而非目的，就是对法律最根本的破坏。于是在乾隆五年（公元1740年），该条例被废除了。

　　取代它的新条例则规定，嫡母殴杀、故杀庶生之子，继母殴杀、故杀前妻之子，如果查明嫡母、继母平日对子女确实视如己出，而其子不孝，则依照亲生父母殴杀、故杀子孙律定罪，不必加等处理。若是子女并无违犯教令的情形而嫡母、继母非理殴杀、故杀，那么在丈夫还有其他子嗣的情况下加等定罪，如果其夫现在已无子嗣，则拟绞监候，听任其夫另行婚娶。在进入秋审程序后，若系殴杀，嫡母、继母俱入缓决；如系故杀，嫡母入于缓决，继母入于情实。若嫡母、继母是为了替亲生儿子图霸家产或官职而将庶出之子或前妻之子杀害，一律拟绞监候，秋审时嫡母入于缓决，继母入于情实。应入缓决者，永远监禁；应入情实者，以命抵罪，即使遇到恩赦侥幸免予勾决，也须永远监禁，再遇赦亦不准减等。如果嫡母、继母、嗣母是因为与他人通奸而将子女杀死灭口，不论其夫还有无子嗣，均拟绞监候。不过在秋审时，致夫绝嗣者入于情实，未绝嗣者则入缓决且永远监禁。

　　总而言之，自宋代以降，实践中用更加具体的、更贴近社会现实的法律形式补充了侧重于"遵经"的一般性律文，对残害继子的继母有从严治罪的趋向。这也算是法律作为一门平衡的艺术，在权力分配有严重倾斜的时候所做出的重新调适吧。

明代契约：世情小说中的法律万象

　　话说明朝成化年间，苏州府长州县有一个名叫文实的年轻人。由于他眼高手低，坐吃山空，将祖上遗留的家产消耗殆尽，不得不开始学习打理生意。可他偏偏时运不济，卖扇子遭遇连阴雨，赔了个底儿掉，因此获得了"倒运汉"的绰号，此后更是干啥啥不行，只沦落得帮闲度日。

　　有一天，一个名叫张乘运的船老大要载四十多个做远洋贸易的客商出海，顺带捎上了文实。临上船前，文实拿着船老大等人赞助给他的一两银子的本钱，购买了上百斤洞庭红橘。后来，他们来到一个叫作吉零国的地方，当地居民从未见过这种水果，争相以一枚银币换取一个橘子，文实一下子就赚到了一千多个银钱，咸鱼翻身了。

　　但这才是故事的开胃小菜。商船在回航途中遭遇风暴，漂泊到一个无人的荒岛附近。文实到岛上散心之际，突然发现一个巨大无比的空龟壳。他颇为纳罕，连拖带拽地将大龟壳搬到

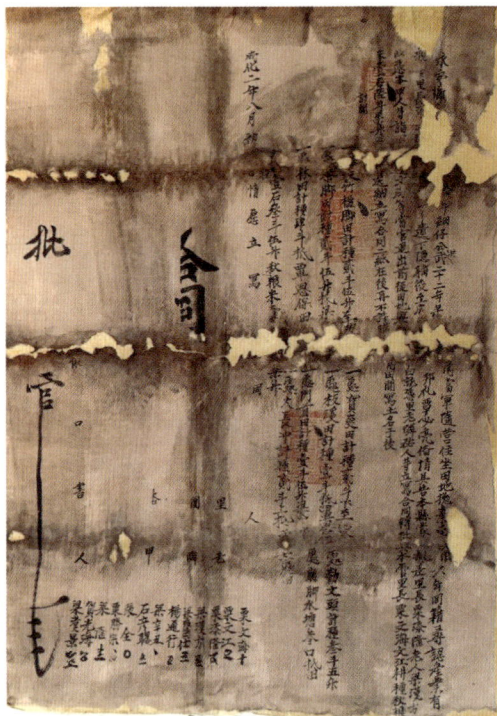

（明）成化二年田土
清退合同
清水江文书，贵州
省档案馆藏

船上，对众人的取笑充耳不闻。

待到风平浪静，商船重新起航，终于平安到达了福建地界。客商们来到一个名叫玛宝哈的波斯胡商那里谈生意，文实未曾置货，只得尴尬地坐在末席。然而第二日一大清早，登船看货的波斯胡商一见到船舱中的大龟壳，顿时脸色大变，立即将文实延为上宾，表示愿出重金购买。文实正为不知应当开价多少而踌躇时，张乘运开了个一万两银子的玩笑。没想到玛宝哈听了，呵呵大笑道："此等宝物，岂止此价！还请诚心开个价吧。"于是文实咬着后槽牙，开出了五万两银子的天价。胡商听了仍旧将信将疑，私下拉着张乘运问明了底细，才敲定了这桩买卖。接下来，小说是这么写的：

> 主人道："如此说，要你（张乘运）做个大大保人，当有重谢，万万不可翻悔！"遂叫店小二拿出文房四宝来，主人家将一张供单绵料纸折了一折，拿笔递与张大道："有烦老客长做主，写个合同文书，好成交易。"张大指着同来一人道："此位客人褚中颖，写得好。"把纸笔让与他。褚客磨得墨浓，展好纸，提起笔来写道：
>
> 立合同议单张乘运等，今有苏州客人文实，海外带来大龟壳一个，投至波斯玛宝哈店，愿出银五万两买成。议定立契之后，一家交货，一家交银，各无翻悔。有翻悔者，罚契上加一。合同为照。
>
> 一样两纸，后边写了年月日，下写张乘运为头，一连把在坐客人十来个写去。褚中颖因自己执笔，写了落末。年月前边，空行中间，将两纸凑着，写了骑缝一行，两边各半，乃是"合同议约"四字。下写"客人文实、主人玛宝哈"，各押了花押。单上有名的，从后头写起，写到张乘运道："我们押字钱重些，这买卖才弄得成。"主人笑道："不敢轻，不敢轻。"

最后便是龟壳与银两的交割。文实一夕之间，铺面、房产、巨款都有了，直接登上了人生巅峰。而那个看似不起眼的大龟壳，原来是万年鼍龙于成龙之际所蜕之壳。此壳有二十四肋，每肋中间节内都藏着一颗硕大的夜明珠，仅一颗便价值五万两白银。

以上故事出自明代著名白话短篇小说集《拍案惊奇》，其名曰："转运汉遇巧洞庭红，波斯胡指破鼍龙壳"。众所周知，在明朝中后期，随着庶民社会的发展和商品经济的繁荣，出现了一大批满足中下层百姓娱乐消遣需求的世情小说，长篇代表作为《金瓶梅》，短篇代表作便是"三言"（《警世通言》《喻世明言》《醒世恒言》）和"二拍"（《拍案惊奇》《二刻拍案惊奇》）。世情小说以着重描摹人情冷暖与世情百态而得名，它贴近普罗大众的日常生活，是窥视当时社会上世道人心的一面镜子。上文所讲述的文实的故事，就迎合了民众渴望时来运转、一夜暴富的心态，是写给小商人阶层看的典型"爽文"。作为一篇小说，其中的人物、情节当然均属虚构，对危险而又蕴含机遇的海外世界的描述也充满了奇幻的想象。但作为一篇世情小说，我们可以从中看到一个非常鲜活且符合历史情境的合同文书订立场景。

合同文书是契约的一种重要形式。早在人类文明发展初期，财产交易的双方当事人就将协议约定的内容记录在一定的载体之上，并以该载体作为意思表示的确认和合约必须得到履行的信用证据，这就是"契"或者"约"。按照《周礼·秋官司寇·司约》的说法："凡大约剂书于宗彝，小约剂书于丹图"，"大约剂"主要指邦国盟约，贵族之间有关土地田产等大宗物品的交易应当亦属此类。它被铭刻在珍贵而神圣的青铜器上，受到祖先神灵的共同监督，并可传诸子孙后世。而作为万民之约的"小约剂"则被书写在竹帛上，同样取其"征信"之义。下图这件纹饰精美的青铜器，就是早期中国土地交易契约的珍贵实物。其名为"卫盉"，铸造于西周时期，1975年出土于陕西省宝鸡市岐山县董家村窖藏。盖内有铭文132字，记述

（西周）卫盉　陕西历史博物馆藏，作者摄

了周恭王三年（公元前920年），贵族矩伯因缺少参加王室庆典所需的礼器和衣物，故用土地向裘卫换取这些物品的经过。

后来，随着经济生活的进一步复杂化，契约作为一种信用凭证还要满足人们的防伪需求，于是演化出了"对契"，也就是"券"的形式。人们将竹木券书一剖为二，双方当事人各执一半，待到需要进行信用验证时，则将两半合在一起，若勘合无误，义务方就要按照约定行事。鼎鼎大名的作为军队调动凭据的虎符，其实就是券的一种特殊形态。

而我们今天熟知的概念"合同"，即"合则相同"之意，直接承袭上述合券传统而来。在"转运汉"的故事当中，我们

（秦）东郡虎符　周至县文管所藏，作者摄

可以清晰地看到以纸张做券的合同文书的形成过程：在一式两份、书写着相同合约内容的文书完成以后，将两张契纸并拢，于骑缝处写上"合同议约"或其他类似文字。这样，买卖双方各执一份的契纸上各留下该行字的一半，以便发生纠纷时勘合确认。所以说，带有骑缝记号的复本契约就是合同。

从内容上看，小说中的那份鼍龙壳买卖合同具备卖方、买方、标的物、价格、交易方式、违约惩罚条款、日期等时至今日仍不可或缺的合同订立要素，同时又具有时代特色。首先，古代正规的大宗交易皆要有居间人在场，也就是牙人或保人，契约的书写也通常由居间人执笔。该故事中的保人以船老大张乘运为首，共包含十来个与文实一同出海的客商，他们作为双方履约的保证人，以自己的信誉和财产，为这桩买卖承担担保责任。既然保人要冒一定风险，自然也会获得一定收益，故事中的保人们就收到了玛宝哈送来的一千两银子和谢礼。其次，受限于当时普通百姓的文化水平，大多数合同当事人及第三人并不在契书上亲笔签名，而是采用执笔人写上姓名、本人在下面画个花押的方式来表示认同。所谓花押，其实就是一个特殊符号，起先它还花样繁多，能体现一定的个人特色，后来越来越简化，许多人都画一个十字草草了事，即"十字花押"。例如在《喻世明言》"木绵庵郑虎臣报冤"一篇的开头，贫民王小四以四十两银子的价格，将妻子卖给过路的官员贾涉为妾，小说中写道："王小四在村中央个教授来，写了卖妻文契，落了十字花押。"

此外，合同文书的使用场合不限于珍贵物品交易，它还可以向它的"前辈"虎符靠拢，偏重发挥信物的作用。例如在《拍案惊奇》的另一故事"张员外义抚螟蛉子，包龙图智赚合同文"当中，刘天祥、刘天瑞两兄弟同居共财，却不想遇上荒歉之年，官府命令居民分房减口，到外地逃荒。在弟弟刘天瑞一家三口背井离乡之际，哥哥刘天祥写下两纸合同文书，作为兄弟未曾分家的凭据。其文曰：

> 东京西关义定坊住人刘天祥，弟刘天瑞，幼侄安住，只为六料不收，奉上司文书分房减口，各处趁熟。弟天瑞挈妻带子，他乡趁熟。一应家私房产，不曾分另。今立合同文书二纸，各收一纸为照。年月日。立文书人刘天祥。亲弟刘天瑞。见人李社长。

大家画上花押之后，兄弟二人各收一纸，从此天各一方。后来，天瑞夫妇客死异乡，幼子刘安住蒙张员外抚养成人，带着合同文书回乡认亲，欲将父母骸骨葬入祖坟。可刘天祥之妻杨氏一心想将兄弟俩的全部财产留给自己与前夫所生的女儿及女婿，在骗得刘安住的合同文书后，不但翻脸不认人，还将其打得头破血流，赶将出去。刘安住在李社长的帮助下前往开封府告状，这开封府尹正是家喻户晓的包青天。经过一番调查取证，包龙图基本认定了事实，于是定下一计，先将刘安住关进监狱，数日后命狱卒谎称其因伤致死。接着，包龙图开始对杨氏"普法"：尊长殴打卑幼致死不过罚铜纳赎，可打死凡人是要抵命的！再配合上衙役们颇具威慑力的表演，杨氏被吓得面如土色，赶紧掏出合同文书来证明刘安住是她侄子，故事因此又收获了一个大团圆结局。

此类家事纠纷是世情小说中最常见的题材之一，因情节跌宕且极接地气而广受欢迎。而家事纠纷的根源无外乎利益二字，在那些为争财竞产而使的花招当中，不乏利用契约来达到目的者。例如《二刻拍案惊奇》中，有一个故事叫作"迟取券毛烈赖原钱，失还魂牙僧索剩命"。这个毛烈是一个贪奸不义的富民，他有一个臭味相投的朋友，名叫陈祈。陈祈作为家中长兄独掌家事，日子过得格外滋润，可每当他想起将来一母同胞的三个幼弟长大后，这偌大家业就得四人均分，心中便颇为不甘。于是毛烈向他支招，要他趁早将上好的家私藏起来。陈祈自然认同，但又提出疑问：最重要的财产——土地如何藏得？毛烈教他将田地卖了，置换成银两私藏。可陈祈又舍不得将祖上传下来的优质田产变卖，毛烈便放出大招："你只拣那好田地，少些价钱，权典在我这里，目下拿些银子去用用，以后直等你们兄弟已将见在田地四股分定了，然后你自将原银在我处赎了去。这田地不多是你自己的了？"陈祈连声称妙，就以毛烈推荐的一名牙僧为中人，将家中价值一万两银子的田土作价三千两典给毛烈，并立下典田文书。

小说中未展示这份文书的具体内容，但我们可以借助明代的日用类书一探究竟。日用类书是当时百姓的日常生活百科全书，内容涉及天文地理、花鸟鱼虫、琴棋书画、卜筮医药、婚丧嫁娶、律令文书等各个门类的基础知识。它们通常有一个长而古怪的书名，比如《五刻徽郡释义经书士民便用通考杂字》《新锓陆林二先生纂辑士民便用云锦书笺》《鼎锓崇文阁汇纂士民万用正宗不求人全编》《新锲天下备览文林类记万书萃宝》《新编事文类聚启札青钱》等。不少日用类书都会有专门的"体式门"，收录当时常用的各类契约模板，所以百姓们有书写文契的需求时，只要依葫芦画瓢，将关键词填入相应的契式中即可。在日用类书《新刊瀚苑广记补订四民捷用学海群玉》当中，就有这样一则"典田式"：

> 某里某境某人，有己分官民田一段，该若干亩。坐落某处，载米若干，四至明开在后。为因无银用度，托中引就某宅，三面商议，实典价银若干两正。其银即日交足，其田任从银主掌管，召佃收租。言约银无利息，田无租税。至某年为卒，备银照契赎回。如是无银，任听银主收租。倘未及期取赎，约罚银若干。此系两愿，各无反悔，其粮米约应期理纳银若干，不得留难。今恐无凭，立典契为照。

　　我们可以结合这则典契模板，进一步了解中国古代的典权制度。"典"亦称"典卖"或"活卖"，是指出典人（业主）在收取一定的典价之后，将自己土地田宅等不动产的占有、使用、收益权转让给承典人（典权人/典主/银主），但仍保留最终所有权，并可在双方约定的回赎期内赎回自己对不动产的全部权益。按照惯例，田地的赋税由出典人继续承担，赎价则与典价相同，不需要额外支付利息，这就是"银无利息，田无租税"。在土地为百姓安身立命之根本的传统社会，小农只要不是完全走投无路，就不会绝卖自家的田产，于是"典"成为最受欢迎的不动产交易方式和物权形式，它使出典人在获得周转资金的同时又存留着日后收回土地的希望，原本是提升土地资源利用程度和实现当事人"双赢"的制度设计，但在本故事当中，它被恶意串通的当事人利用，充当了损害第三人利益的工具。

　　后来，陈祈分家时，果然只将户下剩余的田产分给弟弟们，然后备齐三千两银子，到毛烈处要求赎回田地。可毛烈收了银子，又以家中不便为由相推托，说要过一二日才能寻得文契交还陈祈。可见该典田契约未采用合同文书的制作方法，只有一纸由权利人收藏的契书，一般是在相对人平账后交给对方销毁。陈祈碍于两人交情，连收据都没讨到就回去了。几天后，毛烈现出本相，要求陈祈再给他两千两银子，否则就不还契书，令其无法收管田产。于是接下来，两人打起了从官府到冥司的旷日持久的官司。

与契约相关的家事纠纷的复杂性还不止于此。《二刻拍案惊奇》中还有一个"赵五虎合计挑家衅，莫大郎立地散神奸"的故事，讲述的是莫姓的富家老翁与家中丫鬟双荷偷情，致使其怀孕，怕妻子性妒难容，赶紧安排双荷嫁给了一个卖汤粉的摊贩朱三。几个月后双荷产下一子，莫翁暗地里多有周济，渐渐地，莫翁的儿子甚至街坊也多晓得了根底。在这个小孩十岁左右的时候，莫翁去世，一伙号称"赵家五虎"的破落户撺掇朱三夫妻替儿子争夺莫家财产，承诺为其包揽官司的各项事宜和一应费用，当然，他们也要求朱三夫妻在事成之后给予报偿，并用一张借票将这种承诺固定下来：

> "……你写起一千两的借票来，我们收着，直等日后断过家业来到了手，你每照契还我，只近得你每一本一利，也不为多。此外谢我们的，凭你们另商量了。"……朱三只得依着写了，押了个字，连儿子也要他画了一个，交与众人。

所谓借票，就是今天我们常说的借条，它本质上是一种借贷契约，表明出借人将一定数量的货币交付给借款人，借款人须在约定期限内按照约定的方式偿还款项。显然，这个故事中的借票属于典型的"虚钱实契"的情况，赵家五虎未曾借给朱三一丝一毫的银子，但却凭借这纸文契成了朱三的债权人，未来便可以此为据要求朱三履行给付一千两银子的义务。而小说中提到的"一本一利"，是指按照法律规定，在借贷及典当等涉及利息的交易当中，利息与本金的最高比例为一比一。赵家五虎声称他们要为这场官司花费五百两银子，故而按照一本一利的放债取利原则，要求朱三将来至少给他们一千两银子作为报偿。

当然，赵家五虎所谓的五百两本钱纯属扯谎，他们只付出了一件缥衣的成本，安排双荷的儿子前去莫家哭丧，只待他被莫家赶出，就可以借衅告状。孰料莫家大郎竟当场认下了这个弟弟，将其留在家中居住，承诺日后兄弟们一同分家。原来，见识高明的莫大郎一眼看出事有蹊跷，担心这个孩子被光棍把持后缠讼，到时必然破财败家。而且，他也知晓此子确实是父亲的骨肉，按照中国传统法律，财产继承采取诸子均分原则，这里的"子"，不仅包括正妻所生之嫡子，还包括妾室所生之庶子以及婢女所生之孽子。明朝法律甚至明文规定，私生子也可以分得一半份额的财产。所以，与其经过旷日持久的官司之后依然免不了依法分割财产，还不如一开始就让他认祖归宗，绝了外人的妄想。

赵家五虎竹篮打水一场空，不甘心失败的他们将最后的希望寄托在那张借票上，要求已成莫家小官人的双荷之子"还钱"，在遭到拒绝后又将其告至官府，然而太守勘明其中情由后，反将五人以"教唆词讼、诈害平人"之罪发配远恶之地。

说到虚钱实契，最著名的还是《水浒传》中的经典情节。郑屠倚仗权势，强媒硬保，要流落异乡的弱女子金翠莲做妾，文契中写下了三千贯身价，实际上却未曾给予金家一文。我们依然可以借助日用类书来了解当时的买妾契，《新刻邺架新裁万宝全书》给出的文契范本是：

> 某里某境某人有亲生自养女子，立名某娘/奴，年已长成，凭媒某人某氏议配某境某人为侧室。本日受到聘银若干两，本女即听从择吉过门成亲。熊罴叶梦，瓜瓞绵延。本女的系亲生自养女子，并不曾受人财礼重叠、来历不明等事。如有此色及走闪，出自某跟寻送还。倘风水不虞，此乃天命，与银主无干。今欲聘证，故立婚书为照用。

纳妾从本质上来讲属于等级制度之下的买卖婚。低阶层的女性在进入高门第的家庭时，不能像门当户对的正妻一样享有备礼迎娶的待遇，男方仅给予女方父亲一定金额的被包装成聘财的身价，就可以将女方带走，并从此拥有对其人身的掌控权。文书之所以要反复强调立契人与女方之间的亲生父女关系，是因为依照中国古代法律，父母将女儿卖与他人为妾，是唯一合法的良人买卖形式。郑屠正是用这种合法的纳妾文书掩盖了他强抢民女的事实。后来，郑屠之妻不容，将金翠莲逐出，还要求金家按照文契退还三千贯的典身钱。敢情郑屠强占了金翠莲三个月，玷污了她的清白，到头来反而倒赚三千贯，难怪嫉恶如仇的鲁提辖听闻此事怒火万丈，三拳就结果了郑屠的性命。

总而言之，虽然在方法论上还存在一些争议，但法律、历史与文学的内在联结毋庸置疑。将中国古代的世情小说当作一种特殊的历史文本来解读，会为法律史打开一扇全新的大门。

清代儿童杀人案：年龄与刑罚的平衡之道

乾隆十五年（公元1750年），13岁的张麻子因父亲去世、母亲改嫁，跟随堂舅陆彝生活。陆彝家中有一位名叫江开和的雇工，因做工迟误受到陆彝批评，双方发生争执，进而扭打成一团。张麻子上前拉劝，却被江开和一脚踢开。张麻子蹲在地上揉着痛处时，发现面前恰好有半截方砖，于是捡起来就扔了过去，不料砖块正中江开和心坎，致使江开和呕血身亡。

那么，杀了人的张麻子，等待他的将是法律怎样的裁决？

首先，在案件审理阶段，儿童[1]致人死亡的行为仍要被纳入"六杀"的法律体系中进行评判。所谓"六杀"，是指谋杀、故杀、斗杀、戏杀、误杀、过失杀，它们是中国传统法律依据犯罪人在致人死亡时的主观心理状态而对杀人罪进行的详细分类。清代存留下来的与儿童有关的命案基本都是小朋友在打

1.本文所称的"儿童"，是指清代法律文献中15岁以下的未成年人。

（清）吴友如：《古今谈丛图·彼狡童兮》，载《吴友如画宝》（中），上海古籍书店1983年版

斗、玩闹的过程中失手杀人，属于"六杀"中的斗杀或戏杀。根据《大清律例》：

> 凡因戏（以堪杀人之事为戏，如比较拳棒之类）而杀
> 伤人及因斗殴而误杀伤旁人者，各以斗杀伤论（死者并
> 绞，伤者验轻重坐罪）。
>
> 凡斗殴杀人者，不问手足、他物、金刃，并绞

（监候）。

所以无论是戏杀还是斗杀，只要导致被害人死亡，都会被判处绞监候。在此阶段，儿童除了享有不被拷讯和不戴械具等优待外，定罪量刑的标准与成人无异。

不过，中国传统法素来以"恤刑"为主要特色之一，它要求断狱者"哀矜折狱"，对于在社会生活中居于劣势地位的女弱、幼弱、老弱、病弱等弱势群体，法律要予以优待，以贯彻"损有余而补不足"的天道，实现"中"与"平"的理想境界。因此，"恤幼"的本质乃是"矜弱"，是在"抑强扶弱"的理念之下，为实现实质正义而给予身为弱者的儿童的特殊照顾。

一般认为，对年幼的犯罪人予以刑罚宽免的理论最早可以追溯到《礼记》与《周礼》。根据《礼记·曲礼》："人生十年曰'幼'，学。……七十曰'老'，而传。八十、九十曰'耄'。七年曰'悼'。悼与耄，虽有罪，不加刑焉。"《周礼·司刺》的说法是："壹赦曰幼弱，再赦曰老旄，三赦曰蠢愚。"它们对后世法律的制定与实施皆起着重要的指导作用。

法律层面对"恤幼"理念的落实则可能起始于《法经》。其减律的大致内容为："罪人年十五以下，罪高三减，罪卑一减。年六十以上，小罪情减，大罪理减。"当然，由于史料的严重缺失，学界对《法经》的相关问题依然聚讼不已，上述说法未必可靠。我们所能确证的是，在睡虎地秦墓竹简当中，身高可以作为儿童减免刑罚的依据。汉代以后仍以年龄为标准，西汉惠帝曾下诏："民年七十以上，若不满十岁，有罪当刑者，皆完之。"也就是对70岁以上的老人和10岁以下的儿童不施行肉刑，令其保有身体的完整。东汉时期的大儒郑玄在给《周礼》作的注释中提到了自己所处时代的法律："幼弱、老旄，若今律令年未满八岁，八十以上，非手杀人，他皆不坐。"即80岁以上的老人和8岁以下的儿童仅对亲手杀人这一种罪行负刑事责任，其他行为一概免于处罚。北魏时期亦有"年十四已下，降刑之半；八十及九岁，非杀人不坐"的规定。唐律对犯罪儿童予以宽免的总括性规定一直为后世法典所沿袭，《大清律例》中的"老小废疾收赎"条与之差异甚小，具体内容为：

> 凡年七十以上、十五以下，及废疾，犯流罪以下，收赎。
>
> 八十以上、十岁以下，及笃疾，犯杀人应死者，议拟奏闻，取自上裁。盗及伤人者，亦收赎，余皆勿论。
>
> 九十以上、七岁以下，虽有死罪，不加刑。其有人教令，坐其教令者。若有赃应偿，受赃者偿之。

由此可见，儿童所享有的刑罚减免以15岁为界，分为7岁以下、8—10岁、11—15岁这三个等级，分别对应着免罪、死罪上请、流罪以下收赎这三种法律特权。鉴于张麻子已经13

岁了，如果他犯的是其他错误，尚可通过交钱赎罪的方式来弥补，唯独"杀人偿命"这一条，他是躲不过去的。因此，案发地的江苏省官员将张麻子依照斗杀律拟绞监候。不过，这仅是一个拟判，依照清代的逐级审转复核制度，涉及死刑的案件必须由地方督抚专本具题于皇帝，皇帝之后会交给刑部主导的三法司复核，复核完成后再具奏给皇帝，由皇帝亲自定案。而在复核的过程中，刑部如果认为案件存在事实不清、案情评价不当、律例适用不当、程序不当等情形，会将案卷和刑部意见发回给地方督抚再行斟酌，称为"题驳"。

张麻子的案子就在接下来遭到了刑部的题驳。刑部认为江苏巡抚未写明该案的情节与丁乞三仔案是否具有相似性，即此案能否援引先例声请免死，属于程序不当。此处所说的"声请"，是指死罪上请，即地方官员在审理案件时，遇到法律规定的特殊群体或特殊情形，除了在案卷中条陈被告所犯之罪及依律应当判处的刑罚外，还应注明此人可以上请的理由以及建议从轻处理后的判决，请求皇帝予以决断。如果仅参考《大清律例》的律文，死罪上请是8—10岁儿童所享有的法律特权，13岁的张麻子并不在此限，江苏巡抚似乎没有做错。但是刑部指出，江苏巡抚忽视了一个虽不见于法典记载，但对司法实践起着重要指导作用的事例：丁乞三仔案。

丁乞三仔案发生在雍正十年（公元1732年）的江西省。当时，14岁的丁乞三仔与他的无服族兄丁狗仔一起挑土。丁狗仔欺负丁乞三仔年幼，令其挑运重筐，又拿土块掷打他。丁乞三仔拾起土块打回去，不料击中了丁狗仔的小腹，致其殒命。丁乞三仔被依律判处绞监候。但雍正帝下旨："丁乞三仔情有可原，着从宽免死，照例减等发落，仍追埋葬银两给付死者之家。"由于雍正帝的旨意，丁乞三仔案就成为一则后来可以援引比附的先例。但这则先例的法律原理何在？是不是将死罪上请的范围扩大到所有11—15岁的儿童？乾隆朝的一名御史万年茂就如此认为。

在乾隆十年（公元1745年）九月，湖北巡抚具题了15岁的熊宗正殴伤无服族祖熊健候致死的案件，熊宗正被依律拟绞。但在刑部尚未完成复核之时，御史万年茂注意到这则案件，认为15岁以下（包括15岁）的案犯都应援例上请，于是擅自奏请将熊宗正免死收赎。乾隆帝下令将此案交付廷议。刑部尚书盛安认为，熊宗正案与丁乞三仔案有两处"情罪不符"之处：

第一，丁乞三仔案是丁狗仔先行欺凌挑衅所致，而熊宗正案则是熊宗正有错在先；

第二，丁乞三仔是拾土块掷打误伤致命，而熊宗正则动用了凶器。所以熊宗正"情罪较重，未便从宽"。

此案经九卿议复后，形成了"嗣后凡遇十五岁以下杀人之犯，该督抚查明，实与丁乞三仔情罪相符者，援照声请，听候上裁"的定例。

这则新例并非仅仅否定了御史万年茂欲将上请特权扩大到所有15岁以下的儿童身上的想法，更是对只以客观年龄作为恤幼标准的法律思维发起了挑战。当丁乞三仔案被作为先例确立后，地方官员在决定是否要将某个身犯命案的幼童声请上裁时，就不能只是简单套用律文所划分的三个年龄阶段，而要转向个案的实质性裁量，即考虑该案与丁乞三仔案是否"情罪相符"。"情"是中国传统法中一个复杂而关键的概念，在此处，它是融合了犯罪人的主观动机以及客观的案件情节、损害结果等一系列具体情状的案件事实，斗殴由谁先挑起、是否使用凶器等皆属此列。

在本节开头发生于乾隆十五年的张麻子一案中，刑部正是延续了上述理念，要求江苏巡抚查明此案是否同丁乞三仔案"情罪相符"。江苏巡抚采纳了刑部的意见，并很快草拟出新的判决：张麻子按律本应拟绞，但其符合援照丁乞三仔案上请的条件，希望能判处张麻子流罪收赎。这一次，案件顺利通过了刑部的复核，并奏闻于乾隆帝，得到了"张麻子从宽免死，照例减等收赎"的圣旨。

如果说丁乞三仔案开启了从"年龄"到"情由"的思维方式的微妙变化，那么接下来的刘縻子案则将此种思维方式直接转化成了具有突破性的详细条例。乾隆四十四年（公元1779年），当四川总督文绶按照律文的规定，将盐亭县9岁幼童刘縻子殴伤李子相致死而拟绞监候的案件上请皇帝裁决时，得到

了一个有些出乎意料的答复。原来，刘麼子与死者李子相皆
为9岁，事件的起因是刘麼子向李子相讨要葫豆，李子相不肯
给，于是刘麼子生气地殴打李子相，致使李子相摔倒毙命。大
概是愤慨于刘麼子的蛮横，并希望对顽劣的幼童起到小惩大诫
的作用，乾隆帝不但没有宽减刘麼子的刑罚，反而下令刑部对
10岁以下儿童死罪上请的特权附加限制条件。刑部很快遵旨执
行，并定出新例：

> 十岁以下斗殴毙命之案，如死者长于凶犯四岁以上，
> 准其依律声请。若所长止三岁以下，一例拟绞监候，不得
> 概行声请。至十五岁以下，被长欺侮殴毙人命之案，确查
> 死者年岁，亦系长于凶犯四岁以上，而又理曲逞凶，或无
> 心戏杀者，方准援照丁乞三之例声请，恭候钦定。

经过长期的法律实践及从实践中提炼出的条例的发展，一
部分10—15岁的致人死亡的儿童得以援引丁乞三仔案声请免
死，还有一部分8—10岁致人死亡的儿童因刘麼子案不得上
请，并成为定例。8—15岁的儿童所享有的上请资格及限制条
件越来越接近，10岁作为犯罪儿童享受宽免特权的年龄分界
点的作用变得模糊，从而在一定程度上减弱了绝对年龄作为减
免刑罚的依据的重要性，转而回到对"弱"本身的实质性讨论
上来。

作为一个表示力量对比关系的形容词，"弱"是相对而言的，是只有在"强"面前才能显现出来的特质。因此，"矜弱"之法不能单方面讨论加害人的情况，而是要将被害人的情况也囊括在考虑范围。加害人与被害人的年龄差距是二者进行强弱对比的重要因素之一。在小朋友杀人的案件当中，受害者通常也是年龄差不多的小朋友，当时的官员和皇帝显然都注意到了这一点。在刘麇子一案中，乾隆帝指出：

> 所指十岁以下犯杀人应死者，或系被杀之人较伊年长，强弱不同，如丁乞三仔之案，自可量从末减。今刘麇子所殴之李子相，同系九岁；且刘麇子因索讨葫豆不给，致将李子相殴跌，其理亦曲。若第因其年幼辄行免死，岂为情法之平？

在对此案的讨论中，乾隆帝牢牢把握住"强弱之辨"这一问题的核心，在受害者也是同龄儿童的情况下，加害人的弱势地位就受到了质疑，"矜弱"之法也不再适用。

此外，为了实现实质正义，加害人除了要满足年龄小于被害人4岁以上这一"客观"的"弱"的要求，还要在具体案件中体现出他的弱势地位。也就是说，在加害人和被害人发生冲突时，加害人原本属于理直气壮的一方，因遭到被害人的恃强凌弱、非理欺辱，在反抗强暴的过程中造成了被害人死亡的后果。如果致人死亡的儿童在案件中并没有因为自己的弱势地位而遭到实际"压迫"，那么这名犯罪儿童就不能动用"矜弱"之法所给予的上请特权。例如在嘉庆八年（公元1803年），14岁的阎十三仔在其76岁高龄的无服族祖阎正建的塘水沟里放水捕鱼。阎正建恐其将水放干，斥骂阎十三仔并想打他。阎十三仔在逃走的过程中拾起石头投掷，希望吓退阎正建。不料石块伤到了阎正建的左耳根，致其倒地殒命。有司认为阎十三仔被追殴是因为其本身的过错，并非因为年幼体弱而遭到欺凌。因为阎十三仔不符合"弱"的要求，所以被拟绞监候，不得上请。

通过上述条例辗转修订的历程，我们可以清楚看到清代的律、事例和条例之间的关系。律文提供了"矜弱"这一总体性的道德原则。丁乞三仔案、熊宗正案、刘麋子案等具有先例意义的案件，则阐明了"矜弱"原则的实质意义，并从中抽象出三条实用的、具备可操作性的衡量"弱"的规则。

第一，幼弱的绝对界限，即加害人的年龄小于15岁。

第二，幼弱的相对界限，即加害人与被害人相较之下实力居弱，对于15岁以下的儿童来说，4岁以上的年龄差距足以造成强弱立判的效果。

第三，幼弱的实际处境，即犯罪儿童因为前两种"客观"上的弱势而遭到了被害人"实质"上的恃强欺凌。

后来，这三重"弱"的要求在清代"五年一小修，十年一大修"的修例活动中成为正式例文，它被附在"老小废疾收赎"条的律文之后，成为此后司法官员们在决定是否上请时的具体裁判规则。

比较例外的是7岁以下儿童的情况。嘉庆十一年（公元1806年），山东德州年仅7岁的杜七与同龄小伙伴阎狗在一块儿捕虫玩耍。阎狗向杜七讨要蛐蛐，杜七不肯给，阎狗于是打了杜七的胳膊，杜七回手一推，不料将正准备下山的阎狗推落山崖，导致其严重摔伤并于数日后死亡。山东巡抚将杜七依斗殴杀人律拟绞监候，并声明该犯在犯案时年仅7岁，照律当免其罪。刑部在复核此案时，一方面认为律文按照年岁大小规定了矜宥的等差，7岁的情况应当与10岁不同，另一方面又碍于由刘縻子案所引申出的条例的统括性言辞，只得提请皇帝做出裁断。嘉庆帝认为，此案中的杜七系无心戏杀，与乾隆年间的刘縻子案情节不同，理当依律免罪。嘉庆十四年（公元1809年），由此案例所引申出来的例文"七岁以下致毙人命之案，准其依律声请免罪"被正式写入《大清律例》。此后，凡是致人死亡的7岁以下的幼童，不论是否理屈性暴，也不论被害方的年龄大小，都会被免除处罚。这说明7岁以下的儿童是更为特殊的群体，对于他们的责任豁免是绝对的。

总之，那些符合死罪上请条件的小朋友，如果不出意外，绝大多数都会获得皇帝"从宽免死，减流收赎"的批示。所谓"减流"，是指皇帝通过了免死声请，从而将死刑减轻一等，降为杖一百、流三千里；所谓"收赎"，则是指犯罪的儿童可以用钱或者粮食来赎减死之后的流刑。

根据《大清律例》中的"纳赎诸例图"，在老小废疾收赎时，流三千里的赎银为四钱五分，在被允准纳赎的诸色人等中，老小废疾收赎所需的银钱最为低廉。除非是赤贫家庭，这样的赎金数目应该不是一个太重的负担。因此，一名犯死罪的儿童一旦通过上请而迈过了死刑的关卡，他的家长又能拿得出这笔赎金，那么他就可以不用接受任何身体上的处罚而顺利返家。

当然，这样的优待也不能滥用。犯罪儿童的收赎记录要载入档案，如若再次犯罪，除因人连累、过误入罪仍可收赎外，其他故意犯罪需实际执行刑罚，不准再行收赎，以避免其有恃无恐。

那么，在符合死罪上请条件的小朋友经由"免死—减流—收赎"的程序顺利返家之时，那些被定死罪但又不具备上请资格的小朋友，他们的命运又将如何？难道真的会被处死吗？

基本不会。这部分儿童将与其他被判处斩监候或绞监候的成年人犯一道，经历一项重要的死刑复核程序——秋审。在秋审当中，绝大多数儿童都会被纳入"可矜"与"缓决"类目，从而获得生机。

而"可矜"与"缓决"的区分，同是否具备上请资格的判断标准几乎完全一致。乾隆三十二年（公元1767年）的秋审条款规定：

> 幼孩斗杀案件，如被杀者之年较伊更小，并系金刃重伤者，应入缓决。其被年岁较长之人欺殴，力不能敌，情急回殴致毙者，应入可矜。

在晚清的《秋谳志》当中，这则条例被重新表述如下：

> 十五岁以下幼孩杀人之案，如死者年长四岁以上，而又恃长欺凌，理曲逞凶，力不能敌，回抵适伤者，酌议拟可矜。倘死亦同岁幼孩，应遵照乾隆四十四年四川省刘麽子殴死李子相案内所奉谕旨，监禁数年，再议减等，以消其桀骜之气。

由此可见，"上请""可矜"与"缓决"的判断共享着一套原理，即根据犯罪人的可矜悯程度及案情轻重，分别给予犯死罪儿童从大到小的优待：完全符合"弱者"定位的儿童，可以在获得皇帝从宽免死的恩旨后即刻纳赎回家，余者则必须收押在监牢里等待秋天的到来；一部分符合"弱者"的定位，但情节稍重的"可矜"儿童，在一次秋审过后也可减流；而在所犯案件中不是"弱者"的"缓决"儿童，仍需继续收押，经历一次又一次的秋审，直到最终获得宽大处理。

所以，前述乾隆四十四年时由刘縻子案所引申的那条例
文，虽然限缩了一部分10岁以下儿童死罪上请的权利，但乾
隆帝并非真心想要这些儿童偿命，他非常清楚"上请"、秋审
的"可矜"及"缓决"提供了一个完整的免死减流收赎的机会
链条："且拟以应绞监候，原不入于情实，数年后仍可减等，
何必亟于宽贷乎？"他的计划是将一部分原本可以通过上请免
死的儿童延迟到秋审时再予以缓决处理，用数年监禁的时光来
消磨顽劣儿童的暴戾之气。

而对于"缓决"与"情实"的界限，《秋审实缓比较条款》
规定：

> 十五岁以下幼孩杀人之案，除谋、故等项应入情实
> 外，如系斗杀，必实有凶暴情节，伤多近故，无一可原，
> 及死更幼稚，死系双瞽、笃疾、理曲、欺凌、迭殴多伤
> 者，方入情实，余俱缓决。

也就是说，除谋杀、故杀不可被宽免之外，犯罪儿童在入
于缓决的可能性方面，亦即通往"生"的道路上，享有比成人
优惠得多的条件，15岁以下的儿童基本上不会被纳入"情实"。
《秋审实缓比较成案》与《续增秋审实缓比较成案》所记载的
那些小朋友之间因为打斗而导致一方死亡的案件最后皆以缓决
告终，纵使一些案件情节严重，清代官员们也会尽力寻求犯罪

儿童的"尚可原缓"之处。

而且，从乾隆五年（公元1740年）开始，在秋审时被认定为"可矜"而减流的儿童亦可收赎，秋审时被归入"缓决"的儿童虽然要在监狱里被多羁押几年，最后亦可被减等为流罪。即使经过数年的拖延，有些儿童已经成年，也依然不妨碍其后续的收赎权利，秋审所发挥的"恤幼矜弱"作用越来越重要。

不过需要注意的是，清代对于犯罪儿童的宽宥仅针对斗杀以下的犯罪，对于谋杀和故杀，《秋审实缓比较条款》明确指出"应入情实"。由于谋杀、故杀这类事先有准备的情形使案件双方的力量强弱对比失去了意义，因而不能享受法律所规定的那些特权。

通过"谋故不赦"的规定，我们可以看到，中国古代基于"恤幼矜弱"的原理而减免儿童刑罚的"老小废疾收赎"制度，与源自西方的刑事责任年龄制度只是在外观和效果上具有一定的相似性，其基本理念和运行程序完全不同。刑事责任年龄制度基于"自由意志"学说，将儿童设定为不能区分是非善恶、不具有控制能力的"非理性人"，所以无论他们实施了怎样的行为，都不具有道义上的非难可能性，故而其行为本身不构成犯罪，而非仅仅不受刑罚处罚。但中国哲学从来没有纠结过人是否具有自由意志的问题，更认为人的是非之心生而有之，因此清代法律完全肯定儿童对于自己行为的认知以及积极追求这种结果发生的能力，并认为这种恶念同成人一样不可原谅。只有在斗杀情境中，综合考虑各方因素而衡量出的实质意义上的"弱"方可作为减轻或免除刑罚的依据，从而平衡了儿童与成人、加害人与被害人之间的利益，是一种特殊的法律智慧。

后　记

广西师范大学出版社社科分社社长刘隆进老师总会逮住一切机会，孜孜不倦地向他的听众重复这样一个故事："在很久很久以前，景老师向我提议策划一套趣味法律史科普读本，她来做主编，我欣然同意。后来，其他作者都陆续交了稿，只有主编没有交稿……"

我承认他说的都是真的，因为我专门翻检了聊天记录，发现那是2019年的事情。彼时，我还是一个入职不到三年的"小青椒"，对中国法制史本科课程的教学工作充满了探索热情，便随着课堂进度，在微信公众号上发布了几篇融合影视热点与法律史知识的趣味小文作为同学们的课外拓展读物，后来更有幸得到赵进华老师和张田田老师的支持与加盟。于是，自以为时机成熟的我发挥空想家的潜质，向刘隆进老师画起了大饼。

然而，一进入到实干环节，空想家就原形毕露。我的身体情况和精神状态都不足以支撑我完成这项在所有人看来本应驾轻就熟、倚马可待的工作。在永无止境的拖延和内耗当中，我似乎患上了文字恐惧症和写作困难症，尤其一想到写下的文字将会凝固在纸面上接受广大读者的检验，我就一个字都写不出来。刘老师当然无数次地催过稿，可是他一催稿，我就生病，在人道主义光辉的指引下，他只得每每铩羽而归，我也彻底陷入"她总说没空，什么都干扰她，可她却老是躺着，什么事也不干"的泥淖无法自拔。

在此期间，我身边走失了许多人。有每次见到我，总会问我有什么新作的大姥爷；有每次我在朋友圈发布新写的小文章，总是第一时间赶来留下热情洋溢评论的同事毛克盾老师；还有我的挚友辛格非。我们于大一时相识，彼此分享对历史的热爱，探讨在学术写作之外尝试通俗写作的可能性。她总在我陷入困顿时给予我最无私的帮助。在我的心里，她一直是温暖而坚韧的，我才是那个整日里怨天尤人，阴郁颓废到无可救药之人。可是时至今日，我还在人生逆旅中踽踽独行，这世上却再也寻不到她了。

一切宛如一场大梦。我似乎病了很久，公众号也停更了。我的重要记忆还停留在几年前，而时光却在毫不留情地朝前走。迁延五载之后，我终于将敲出的文字凑成一本薄薄的书稿，也算是了却了一桩心病。感谢刘隆进社长的不抛弃不放弃，他一定是忍了又忍，才没有革除我的主编头衔并将我踹出作者队伍。感谢编辑亢东昌老师夜以继日地陪我磨洋工，虽然我们两个巨丧的人凑在一起，进一步降低了工作效率。感谢自由的数字图书馆书格，本书中的古籍插图大部分来源于此。感谢众多师友以及师友的师友天南海北地帮我拍摄照片。感谢从未谋面的网友天淡云闲慷慨地提供给我大量资料。感谢插画师孙博文为本书绘制漫画，虽然这些插画被编辑以风格不搭为由删得只剩下一幅。

当然，更多的还是对所有人的歉意，要不是遇上如此拉胯的主编，趣味法律史系列至少可以提前三年面世。往者不谏，来者可追，唯愿更多优秀的作者和作品加入本系列，希望中国法律史能以一种更亲切温和的面貌进入普罗大众的知识谱系。